はじめての OJTリーダーの心得

新人教育係の手引書

中井 嘉樹 著

経営書院

はじめに

　現在の、大きくそして目まぐるしく変動する外部環境の中で生き残りを図る企業にとって、新人教育がますます重要な位置付けになっています。これまでの製品やサービスの価値が低下し、ビジネスモデルさえも根底から崩れ、それに伴って仕事の進め方自体も刻々と変わらざるを得ない状況に直面している今、この変化を乗り切るための最大の源泉が「人」に他ならないからです。

　変化に対して常に柔軟な対応を行い、新しい知識・スキルの習得に努め、未来を切り開いていくことのできる人材を連綿と輩出し続けることができるかどうかが、企業が存続できるかどうかを決めるといっても過言ではないでしょう。前向きな人生観、努力を惜しまない仕事観、企業人・組織人としての視点、仕事に取り組む際の正しい考え方、あるいはいかなる場面においても崩れることのない基本動作等々を身に付けた人材を、早期に育成できる教育環境を兼ね備えているかどうかが、企業の将来を大きく左右することになります。

　このような人材を育てるためには、身近な場面で新人に接し、教え導く「OJTリーダー」と呼ばれる新人教育担当者（業界や会社により、ブラザー・シスター・メンター・チューター・プリセプター・新人教育係・新人指導担当など、いろいろな呼称がある）がキーになります。OJTリーダーの役割と機能の発揮が、さらに大きく期待されているのです。

　OJTリーダーは、自らが手本となって背中で見せ、新人が見習い、模倣する対象となる存在です。「学ぶの語源は、真似ぶ」と言われる所以です。従って、多くの場合、年齢の近い、入社数年を経た、優秀な先輩社員が適任となります。しかしながら、入社数年の方々がその任を担うということは、OJTリーダーの多くは、仕事場面において人を指導した経験のない方が多く、従って、OJTリーダーとして新人をどのように育成をしていったら良いのか悩み、自信のない中で、OJTリーダーの実務を推進することになります。さらには、OJTリーダーに期待される役割の理解が不十分なまま取り組んでいる場合が多いのも実情です。

　一方では、このOJTリーダー制度が効果的に機能することにより、新人育成が早期に着実に行われるだけにとどまらず、同時に、将来を担う有望な人材でもあるOJTリーダー自身が大きく成長するきっかけにもなり得るのです。周囲は、OJTリーダーとなる若手社員に対して、このチャンスを自己の能力開発の機会として有効に活かしてもらいたいと、大きく期待しています。

　本書では、OJTリーダーの任に着く若手社員の皆様が、まずは手始めに紐解く手引き書となるようまとめられています。期待される役割から始まり、育成計画の立案やフォローの進め方、あるいは新人とのコミュニケーションの進め方など

が網羅されています。また、随所にキーとなるポイントも記されており、現実的な視点から学ぶことができるように工夫されています。さらには、実際に使用するワークシートも付されていますので、即実践で役立つように配慮されています。

　第1章では、「OJTリーダーの役割と心構え」というテーマでまとめられており、これからOJTリーダーになるに際しての大切な考え方を押さえ、心の準備をしてもらえるようになっています。続く第2章「OJTの基本を学ぶ」では、「そもそもOJTってなにをすればいいの？」という原点に立ち戻り、人材育成におけるOJTの位置付けとそのポイントが説明されています。

　第3章と第4章では、具体的な業務を教えるために必要なことを、前工程である事前の準備段階を第3章に、後工程である実際の育成計画の立案と推進を第4章に分けて、わかりやすく記載されています。第3章では、「新入社員に教える仕事のリストアップと体系作り」をテーマに、新人に教える業務についての事前準備としての業務の棚卸しとそれを育成計画に落とし込むためのプロセスが記されており、また第4章では「育成計画作りとOJT指導の実施」をテーマに、育成計画の作成とその実行について説明されています。これによって、一つひとつの業務を順序立てて、計画的に教えるスキルが身に付くことでしょう。

　続く第5章と第6章では、ソフトなスキル、つまりコミュニケーションやリーダーシップ、そしてモチベーションアップについて学べるようになっています。第5章「新入社員との信頼関係を構築するコミュニケーション」と第6章「やる気を出させ、モチベーションを高める」を学ぶことにより、自信を持って、新人を受けとめることができるようになります。

　最終章である第7章「問題の発生と育成のポイント」では、OJTリーダーを推進する際に発生する代表的な問題とその対処法について記されています。いくつかの事例に触れておくことによって、ある程度の心の準備もでき、いざいきなり起きた問題に対しても、あわてずに適切な対応ができるようになることでしょう。

　以上のように、本書は、これまであまり語られなかったOJTリーダーの方々のための入門書・教科書として位置付けています。職場においてほとんどマネジメント経験のない若手社員がOJTリーダーに任命されたことを前提に、そのスタートラインに立つために必要な心構えとスキルの習得を目的に、そのポイントが網羅されています。もちろん、すでにOJTリーダーの経験がある方が読まれても、これまで行ってきたことが土台となり、その復習を兼ねた上で、新たなステップアップが実現し、大きく効果が表れることでしょう。OJTリーダーとしてチャレンジをされる皆様のご活躍と今後のご成功を心から願ってやみません。

中井嘉樹

目　　次

第1章　OJTリーダーの役割と心構え……………………………………1
　　1　OJTリーダーの二つの役割視点を理解する…………………1
　　2　人が育つ構造を知る……………………………………………3
　　3　教育の場は、職場内だけではない……………………………5
　　4　人事部・上司・他部署とのこまめな報連相が大切…………8
　　5　OJTリーダーにとって大切なことは「期待する」こと……10
　　　（章末コラム）仕事を通して自分を発掘する…………………12

第2章　OJTの基本を学ぶ……………………………………………………13
　　1　OJTとOFF-JTの違い……………………………………………13
　　2　OJTで育成型リーダーシップを発揮する……………………15
　　3　OJTを推進するためのポイントを押さえる…………………18
　　4　人材戦略の中におけるOJTの位置付けを考える……………20
　　5　うまくいかないOJTの4つのパターン………………………23
　　　（章末コラム）やってみせ　言って聞かせて　させてみて
　　　　　　　　　　ほめてやらねば　人は動かじ……………………26

第3章　新入社員に教える仕事のリストアップと体系作り……………27
　　1　知識・スキルを3つの学習テーマに分けて考える…………27
　　2　仕事目的を確認する……………………………………………30
　　3　仕事マップを作成する…………………………………………32
　　4　仕事の棚卸しを行い業務一覧表にまとめる…………………34
　　5　仕事の品質を上げるためのポイントを整理する……………37
　　　（章末コラム）守破離…………………………………………………41

第4章　育成計画作りとOJT指導の実施………………………………………43
　　1　新入社員育成の全体像を理解する……………………………43
　　2　育成計画を立案する……………………………………………46
　　3　受け入れ準備と受け入れ………………………………………50
　　4　目標を設定し、PDCAサイクルを回す………………………54

　　　　5　日々の進捗確認とフィードバック……………………………56
　　　　　　（章末コラム）仕事の報酬は仕事……………………………58

第5章　新入社員との信頼関係を構築するコミュニケーション………59
　　　　1　二つのコミュニケーション……………………………………59
　　　　2　コミュニケーションはまずは自己理解から…………………61
　　　　3　対人関係における基本的な構えを知る………………………66
　　　　4　他者理解により生産的なコミュニケーションを維持する…68
　　　　5　アクティブリスニングで心を聴く……………………………71
　　　　　　（章末コラム）成長を実感させる「ふりかえり」と「気づき」…74

第6章　やる気を出させ、モチベーションを高める………………76
　　　　1　なんのために仕事をするのか…………………………………76
　　　　2　目的を示し、目標意識を持たせる……………………………79
　　　　3　やる気の源　ストローク………………………………………81
　　　　4　内発的動機づけで自主性を育む………………………………84
　　　　5　動機づけ要因でやり甲斐を感じさせる………………………86
　　　　　　（章末コラム）"注目"が力を発揮させる……………………89

第7章　問題の発生と育成のポイント………………………………91
　　　　1　仕事は「挨拶」から始まる……………………………………91
　　　　2　仕事の基本は「報連相」………………………………………94
　　　　3　仕事の品質はすでに「自己管理」から始まっている………96
　　　　4　「数字」で考え、数字で判断するクセをつける……………100
　　　　5　「信頼」は小さな約束の積み重ねから………………………103
　　　　　　（章末コラム）変革の決意……………………………………105

第1章

OJTリーダーの役割と心構え

1 OJTリーダーの二つの役割視点を理解する

OJTリーダーの心構えやスキルに先立ち
まずはOJTリーダーとしての自分の役割を理解する

　OJTリーダーを遂行するためにはいろいろなスキルが求められますが、それらを学ぶに際し、まずはその前提として「OJTリーダーの役割」を理解しておくことが大切です。なぜなら、その役割を果たすために、どのようなスタンスを持ち、どのようなスキルが必要になってくるのか？といったことへとつながっていくからです。

　その役割とは、「周囲からの期待」を知ることによって見えてきます。ここでは、社内からOJTリーダーに向けられた期待のいくつかを挙げてみます。

（経営者からの期待）	・一日でも早く会社に役に立つ存在にしてほしい
（上司からの期待）	・できるかぎり早く戦力にしてもらいたい
	・まずは仕事の基本を身につけさせてほしい
（先輩からの期待）	・職場に早く馴染じめるようにしてほしい
	・いちいち指示を出したり、教えなくてもよいようにしてもらいたい
	・仕事に取り組む際の正しい考え方を教えてほしい

第1章　OJTリーダーの役割と心構え

（他部署からの期待）　・自分の仕事の全体像・他部署との関わりを教えておいてほしい
（新人からの期待）　・業務の具体的な進め方を教えて下さい
　　　　　　　　　　・職場の先輩の方々とどう付き合えば良いか教えて下さい
　　　　　　　　　　・悩みを聞いてほしいし、相談にのってほしい
　　　　　　　　　　・わからないところは快く教えて下さい
（人事部からの期待）　・職場にスムーズにとけ込むようにしてもらいたい
　　　　　　　　　　・早期の退職がないようにしてもらいたい
　　　　　　　　　などがあります。

　これらの期待は大きくは二つに分けることができます。一つは、仕事遂行というハード面の期待であり、もう一つは、心を前向きに保つというソフト面での期待になります。

　「OJTリーダー」としての立場に対しては、会社毎にいろいろな呼称があります。例えば、新人育成担当者と呼ぶ会社もあれば、指導担当と呼ぶ会社、あるいはメンター、ブラザーやシスターと呼ぶ会社もあります。また、業界によっては、チューターとかプリセプターと呼ぶ業界もあります。呼び方は各社各様といっても過言ではありません。

　ここで重要なことは、例え呼称がどうであれ、OJTリーダーが果たす役割には大きくは二つの面があるということです。そして、その両方が期待されている会社もあれば、どちらか片方に比重が置かれている会社もあります。また、OJT指導担当とメンター等の呼称で役割を分けて、別々の先輩が役割を分担し、新人をダブルで担当している場合もあります。とは言え、多くの会社では一人のOJTリーダーがこの二つの役割を担っていることが多いのが実情です。

　従って、OJTリーダーの多くは、この二つの役割を意識して使い分けながら、一人で同時に担っていくことがポイントになります。つまり、一人二役ということです。そしてこのことは、OJTリーダーが二つの役割を同時に果たすためには、二つのカテゴリーに関するスキルの習得が必要になるということを示しています。

　このように、二つの役割を意識し、それぞれのスキルを学び、指導経験を積み重ねながら役割を果たしていくプロセスがOJTリーダーの仕事になるわけです。とてもやり甲斐のある、すばらしい仕事であることがご理解いただけることでしょう。

（OJT リーダーの二つの役割）

心を前向きに保つ役割

仕事を教える役割

2　人が育つ構造を知る

知識やスキルを教えるだけにとどまらず
考え方や行動様式、良い習慣を身に付けさせる

　人が育つというのは、どういうことを言うのでしょうか？また、優秀なビジネスマンは、なぜ高い成果を挙げ続けることができるようになったのでしょうか？
　もちろん、仕事を進めるためには豊富な専門知識が必要ですし、また高いスキル（技・技術・技巧）を持っていることも欠かせません。では、これらを新人に教えれば、その新人は常に優秀な成績を上げることのできるビジネスパーソンに

第1章　OJTリーダーの役割と心構え

育つのでしょうか？もちろん、仕事は常に外部環境にさらされていますので、現実的には毎日毎日がいつもスムーズに進むとは限らず、ある時はうまくいったり、また逆にある時は失敗したりというような連続になりますが、ここでいう"優秀"とは、そんな中でも半年とか1年とかのスパンで見た場合、常に求められる以上の動きをし、期待される以上の成果を上げ続けているといった状態にある人を指します。また、"成果を上げ続けている"という状況は、裏を返せば、常に成長しているということにもなるわけです。

　このように、たまたま成果を上げたとか、時たまズバ抜けた業績を出すといったことではなく、まして単に仕事をこなせているといったことではなくて、長期的にかつ安定して高い成果を出し続け、さらにはそれに伴って自分自身も成長し続けることのできるビジネスパーソンに育てるには、「いったいなにを教えたらいいのだろう？」という視点が必要になります。

　次の図は「なにを教えるか？」という疑問に対する回答を氷山モデルで示したものです。海に浮かぶ氷山に例えて説明してみます。

　一番上の階層は「知識の領域」です。皆さんが最初に新入社員に教える領域になります。自社製品やサービスの知識を教え、さらには業界知識や競合知識、あるいは顧客に関する知識などを教えます。

　この第1階層だけ教えて、「私は教えました！」と言うにはまだ不十分なことは、皆さまもご存じと思います。そうです、その次は第2番目の階層である「スキルの領域」を教えることでしょう。"スキル"とは、技とか技巧・技術と言われるもので、なにかができる能力を言います。知識が「知っていること」であるのに対し、スキルは「できること」になるわけです。例えば、お客さまへのアプローチの仕方を教えた後に、OJTリーダーである皆さんは、「じゃぁ、最初は私がやってみせるから、次はあなたが私と同じようにやってごらん」と、スキルを教えることでしょう。

　この段階でたいていの方は、「私は必要なことを教えました」と言うことでしょう。果たしてそれですべてを教えたことになるのでしょうか？答えはノーです。まだ大切なことを教えていません。なぜなら、第3番目の階層である「考え方・行動様式」の領域をまだ教えていないからです。

　先ほど述べた「優秀なビジネスパーソンは、なぜ高い成果を上げ続けることができるようになったのか？」という質問に対する重要な答えは、「成果を上げ続けることのできる行動様式を身に付けているから」ということになります。正しい行動様式が身に付くためは、先に正しい考え方や価値観を持っていることが前提になります。そしてその行動様式が積み重なり、そして習慣となって、人生に大

きな影響を及ぼすことになるのです。
　アメリカの心理学者であるウィリアム・ジェームスの有名な言葉があります。
　　意識が変われば行動が変わる。
　　行動が変われば習慣が変わる。
　　習慣が変われば人格が変わる。
　　人格が変われば運命が変わる。
つまり、心の持ち方が人生において最も大切であると説いているのです。
　社会に入ったばかりの真っ白な新入社員に対し、「知識の領域」、「スキルの領域」に留まらず、正しい心の持ち方、優れた行動様式、仕事に対する正しい姿勢、人生に対する正しい態度をきちんと教え、「習慣の領域」にまで高めることがOJTリーダーの大切な役割でもあるのです。
　「良い習慣は才能を越える」という格言があります。是非、才能を大きく伸ばすためにも、社会人のスタートの段階で、間違いのない考え方、仕事に臨む正しい態度を教えてもらいたいものです。

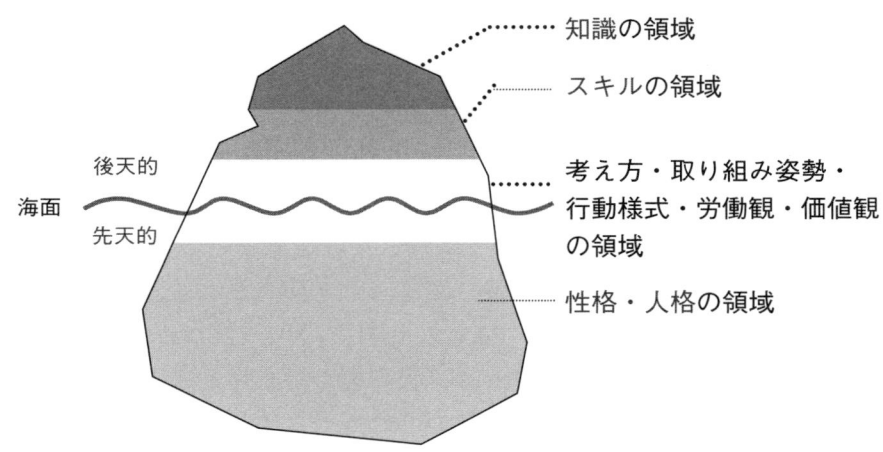

3　教育の場は、職場内だけではない

職場における公式的な場だけで教えられる範囲は限られている
考え方や取組姿勢は職場から離れた場面でも伝わる

　「なにを教えたらよいのか？」という質問に対する回答は前項でご理解いただけたかと思います。ではそれらを「いつどの場面で教えたらよいのか？」という次の課題が見えてきます。

第1章　OJTリーダーの役割と心構え

　仕事のことは仕事中に教える、というのが一般的です。もちろん、仕事中でしか教えることのできないことも多くあります。電話の受け答えや伝票の書き方、あるいは機械の操作方法などは、その仕事の場でしか教えようがありません。OJTの基本は仕事場面での教育ということを考えれば、当然のことと言えます。

　しかしながら、OJTリーダーが教える範囲は「知識の領域」「スキルの領域」だけに留まっていません。ビジネスマンとして見習うべき存在としてのOJTリーダーである限り、OJTリーダーの立ち居振る舞いから一言一行まですべてが教育の対象となるのです。

　心理学で「インプリンティング」という現象があります。「刷り込み」と訳されます。この現象は、鳥のガンの雛の行動から発見されました。ガンの雛には、生まれた直後に目の前にある動くものを親と認識し、一度認識してしまうとずっとそれを親と記憶し、後ろをついて回る性質があると言われます。一瞬で頭の中に親の姿形が印刷されたような、この現象が「インプリンティング」と名付けられたのです。

　このガンの雛の行動はその後の実験で、最初に見たものが人間であっても、あるいは例え最初に目にしたものがボールであったとしても、それを親と記憶してしまうことがわかりました。つまり、良い影響だけでなく、悪い影響も刷り込まれてしまうということです。「刷り込み」というと、いかにも意図的な印象を受けますが、決してそうではなく、ガンの雛のように、ごく初期の時に出会った場面での学習が強い記憶となり、その後の基盤となる現象を言うのです。また同時に、その記憶は後々変更することが難しいくらい、強固なものとなるのです。

　この「インプリンティング」は、別訳で「刻印付け」と言われることもあるくらい強いものであり、ある特定のことがほんの短時間で覚え込まれ、それが長時間持続することを考えれば、それは習慣へとつながっていくことにもなります。

　前項で習慣が人生を決定付ける要因の一つであることに触れましたが、それと合わせてインプリンティングを考えると、ビジネスパーソンになったばかりの新入社員にとって、これから始まるビジネス人生の成否を決めるほどの強烈な影響を、OJTリーダーから受けることになるということになります。なぜなら、OJTリーダーは、成功するビジネスパーソンの見本として新入社員に付けられたということが前提ですので、当然に新入社員はその所作や考え方を人生の教本として見ることになり、その結果、OJTリーダーから受ける影響が、一生のビジネス人生における下地となるのです。

　このように一瞬の場面が強い記憶となるということを考えれば、OJTリーダーとしての教育場面は、社内だけにとどまらず、また仕事中であるどうかを問わず、

3　教育の場は、職場内だけではない

仕事を離れた場面におけるOJTリーダーの一挙一動そのものでさえも一瞬で刷り込まれ、習慣となり、担当新入社員のその後のビジネス人生の方向性を決めてしまうことにもなるのです。逆に言えば、前章で説明した氷山モデルの中で最も重要な階層である第3番目の階層「考え方・取組姿勢」は、場面を問わず、いつでもどこでも「刷り込まれる」ということになります。

このことから二つのことが言えます。

1. OJTリーダーの何気ない言動が担当新入社員への"教育"となっている。例えそれが、ビジネスパーソンとしての負の言動であったとしても、それが刷り込まれてしまう。
2. 教育できる場面は職場内に限られないので、いつでもどこでも積極的に教育の場と成すことができる

つまり、OJTリーダーにとって、どこでもが教育場面になっているということであり、同時にどこでもを教育場面にすることができるということに他なりません。従って、OJTリーダーの皆さんは二つのことを理解する必要があります。一つは、OJTリーダーはどの場面においてもビジネスパーソンとしての模範的な言動を取るように意識する必要があるということであり、もう一つは、OJTリーダーは、担当新入社員を真剣に育てようという気持ちになれば、社内だけでなく、会社を離れた場所、あるいは職場を離れた場所でさえも有効な教育場面と成すことができるということです。

OJTリーダー自身がその気になるかどうかが、大きな分かれ目になります。OJTリーダーとして担当新入社員に臨む皆様の気持ちはいかがでしょうか？

4 人事部・上司・他部署とのこまめな報連相が大切

「大切な人材を預かる」という気持ちで臨むことが大切
育てるために周囲と協力し連携しながら取り組む

　担当の新入社員が決まり、目の前に担当する新入社員がやって来ると、ついつい気持ちが強く入り、自分一人で育成しなければいけないような気持ちに陥ることもあります。やる気のあるOJTリーダーであればこそ、そういった気持ちになってもらえるのですが、自分一人でなんとか育てるという強い気持ちが育成上の問題を発生させる原因になることもあります。なぜなら、OJTリーダーの仕事とは、本来の自分の業務を日々行いながら兼務する仕事であるため、急用が入ったり、繁忙期と重なったりした場合などは、OJTリーダーとしての役割に集中できないことになるからです。

　ここで原点に立ち戻って考えれば、OJTリーダー制度とは、あくまでも会社としての人材教育の一環であり、仕組みとして動いている、いわば公的なものです。従って、自分一人で問題を解決しようとせず、上司や先輩などの周囲の人や、管轄している人事部に連絡をし、相談をしながら進めることが大切です。

　また、上記のようにOJTリーダーの仕事の繁閑の影響により問題が発生する場合もある一方、OJTリーダー自身の担当新入社員に対する関わり方により問題が発生する場合もあります。例えば、担当新入社員に対して、あたかも個人的な後輩、部下、果ては手足となって動く存在ができたと勘違いして、上から強く出るOJTリーダーも見られたり、逆に友達、仲間ができたような気持ちになってベッタリしてしまうOJTリーダーもいます。

　ここで、OJTリーダーが陥りやすいタイプをいくつか上げてみます。ここまで極端なことはないまでも、自分の傾向を知る手がかりになることでしょう。

4　人事部・上司・他部署とのこまめな報連相が大切

　自分自身のOJTリーダーとしてのバランスを保つためには、前記のような「OJTリーダーが陥りやすいタイプ」を参考に、自分で自分のタイプを考えてみることが重要です。また同時に、折に触れ第三者に相談したり、現状の取り組みに対する意見を聞いたりすることも大切です。例え自分が良いと思った関わり方であったとしても、それが本当に正しい判断なのかどうか客観的な意見を求めることは大事なことです。また、問題が発生した時は自分一人で苦しまず、多角的な視点をもらいながら、まずはフラットな状態に立ち戻ることが必要です。悩みを一人で抱え込まずに、他者に聞いてもらうことによって心のバランスを取り戻すことができます。そしてなによりも、担当新入社員自身に問題が発生した時は、自分ひとりで解決しようとせず、上司や人事部に速やかに連絡し、指示を仰ぐことも大切になります。そのためにも、常日頃からの上司や人事部への報連相を欠かすことなく、スムーズな情報交換をしておくことがポイントになります。

第1章　OJTリーダーの役割と心構え

5　OJTリーダーにとって大切なことは「期待する」こと

担当する新入社員を信じ、励まし、声をかける
OJTリーダーの仕事は「期待する」ことから始まる

　教育心理学用語で「ピグマリオン効果」と言われるものがあります。この現象は、OJTリーダーとして新入社員に関わる皆様にとって、最も大切にしなければいけない視点を教えてくれます。
　ピグマリオンというのはギリシャ神話に出てくる王様の名前で、この王様は自分で作った彫像の女性に恋をして、結婚したい結婚したいという願望を持ち続けた結果、ある日その彫像の女性は人間の女性となり結婚できたという物語です。このことから、強い思いを相手に向ければ、すなわち期待すれば、その気持ちは相手に伝わり、相手はなんとかその期待に応えようと努力するといった人間の心理的な現象が「ピグマリオン効果」と呼ばれるものです。
　このピグマリオン効果を実証した有名な実験があります。その実験とは、小学校を舞台に行われた実験で、生徒にある試験を行い、その試験結果について担当の先生に対して「将来伸びる生徒」ということで、ある特定複数の生徒名を伝えました。ただ、その伝えた生徒達は実は試験結果とは関係なしに、ランダムに選んだ生徒名であって、実際の試験結果とは異なっている架空の情報なのです。ところが、任意に「将来伸びる」とされた生徒達は、それ以外の生徒達と比べ、年度末には大きく成績を伸ばす結果になったのです。
　OJTリーダーの皆様は、なぜこのような結果になったと考えますか？
　これを紐解く鍵は、実は先生の側にあります。先生の関わり方が、「将来伸びる」とされた生徒達を引き上げることにつながったのです。つまり、「将来伸びる」とされた生徒達に対する先生の関わり方が変わったことが、大きな影響を及ぼしたのです。"先生の関わり方が変わった"、その根底にあるのは、「期待する」ようになったことに他なりません。
　「この生徒達（実は根拠もなく挙げられた生徒）は、将来伸びる能力のある子供達なんだ」という先生の期待意識が、先生の彼らに対する日々の言動に変化をもたらしたのです。例えば、あきらめかけた生徒に対して、「あなたならきっとできるはずだから頑張ってごらん」と励ましたり、あるいは回答に窮した生徒に対しては、少し時間をとって考える時間をあげたり、間違った生徒に対しては、もう一度答えるチャンスをあげるような対応をしたことでしょう。

5 OJTリーダーにとって大切なことは「期待する」こと

　このような先生の「期待」に裏付けられた関わりが、任意に「将来伸びる」とされた生徒達をして、「先生の期待に応えよう」という気持ちに至らしめたわけです。

　少し古い映画になりますが、「マイ・フェア・レディ」という映画をご存じでしょうか？オードリー・ヘップバーン演ずるイライザという下町育ちの花売り娘が、レディになっていく物語を描いた映画です。この映画では、ある二人の紳士が賭けをすることから始まります。この二人の紳士の賭けとは、下町育ちの花売り娘を短期間でレディに仕立て上げ、王宮での舞踏会に出してもバレないようにできるかどうかというものです。レディになるための厳しい教育を受けている途中でイライザが家を飛び出すシーンがあります。その時にイライザの言った言葉を記すと、ざっとこんな中身になります。「ピッカリング大佐は私をもうレディとして扱ってくれているので、ピッカリング大佐の前では私はレディでいられる。けど、ヒギンズ教授、あなたは、いつまで経っても私を花売り娘としてしか扱わないので、私はあなたの前に出るとただの花売り娘に戻ってしまう。だから私がどんなに努力しても、私は永遠にレディになれるはずがない」。そして、最も印象的な言葉として、「レディと花売り娘との差は、どう振る舞うかにあるのではありません。どう扱われるかにあるのです」とイライザは言います。

　実はこの映画は、バーナード・ショウの戯曲が原作となっており、他ならぬ「ピグマリオン」がその戯曲名なのです。

　本書をお読みの皆様は、OJTリーダーとして、ピッカリング大佐とヒギンズ教授のどちらの姿勢をとろうと思うのでしょうか？

第1章　OJTリーダーの役割と心構え

> 章末コラム

OJTリーダーのための『ワンポイント　アドバイス』

仕事を通して自分を発掘する

　OJTリーダーの皆様は、「仕事というものを、自分の中でどう位置付けていますか？」
　このように「仕事をどのように考えるか？」「仕事とどう関わるか？」というような質問に対する回答が、いわゆる「仕事観」と言われるものです。もちろん、この仕事観は、多くの面から考えることができ、多種多様なものがあります。ここで重要なことは、どのような仕事観を持って仕事に臨むかによって、ビジネスパーソンとしての人生は大きな影響を受けるということです。つまり、成功する仕事観を持つか持たないかによって成否が決まると言っても過言ではないのです。従って、できれば若いうちに、自分を成功に導く仕事観を身につけたいものです。成功する仕事観には唯一のものはなく、いくつかあります。
　そんな中で自分を成功させる仕事観のひとつに、「自分の中にある潜在的な能力を発掘するために仕事がある」という考え方があります。
　誰しも、まだ知らない"私"を自分の中に持っています。自分自身も知らないし、周囲の人もまだ知らない"自分"を持っているのです。それは潜在能力という言葉に置き換えることもできます。この潜在能力を発掘し、開花させること、すなわち顕在化し発揮させる過程が人生であるとも言えます。人生とは、自分もまだ知らない自分に出会う旅なのです。
　まだ自分も知らない自分と出会うことは、自分を発掘することであり、それはたくさんある潜在能力の中からある能力を発揮能力へと引っぱり出すことです。深く眠っている潜在能力の中から引っぱり上げて顕在化させるためには、なんらかのキッカケが必要です。潜在能力の中からある能力を引っ張り出すことのできる機会が、仕事に他ならないのです。
　生きるために仕事は欠かせませんし、だからこそ全身全霊を傾けて集中するのが仕事です。そんな仕事の中で、自分がまだ発揮できていない能力がなければ解決できない困難な課題に直面した時に初めて、潜在能力のプールから必要な能力が引っぱり出され、発揮能力となるのです。
　仕事とは、まだ自分も知らない自分を発掘し、新しい自分と出会える場と言えるのかもしれません。

第2章

OJTの基本を学ぶ

1 OJTとOFF-JTの違い

OJTとOFF-JTの長所・短所を理解し
OJTリーダーとして外してはいけないポイントを押さえる

　OJTリーダーの具体的な仕事内容を学ぶ前に、その前提として「OJT」について触れておきたいと思います。社内の人材育成の形態は、大きくは二つに分けて考えることができ、その一つが「OJT」であり、もう一つが「OFF-JT」になります。そして、OJTリーダーの基本形態は「OJT」になりますので、まずはその考え方を理解しておくことが大切になるからです。

教育訓練の形態		内容
OJT	「On the Job Training」の頭文字で「職場内訓練」と訳される	職場で行う教育訓練のことで、実際の仕事を通して教え、実践的に学ぶ人材育成の手法
OFF-JT	「Off the Job Training」の頭文字で「職場外研修」と訳される	研修やセミナーなどの職場外での教育訓練に参加して学ぶ人材育成の手法

第 2 章　OJT の基本を学ぶ

それぞれの特徴と長所・短所をまとめると下記になります。

	特徴	
OJT	各業務を行う上で身に付けなければいけない知識やスキル、あるいは能力について、上司や先輩が実際の現場での仕事を通して実践的に教えていく	
	長所	短所
	・現場で教えるので、仕事に直結しており、すぐに行動に移すことができるため、即現場で使え、すぐに実戦に役立つ ・文書や口頭説明だけでなく、実際の作業や仕事を教えることができるので、生きた知識を効率よく実践的に学ぶことができる ・個々人の能力や知識技術の習得度合いを考慮しながら進めることができる ・外部の研修会社に支払いが発生しないので、コストが安い	・場当たり的でスケジュール的にも無計画なまま取り組みがち ・教える内容が体系的に整理されておらず、散発的な教育になってしまう ・内容が、上司・先輩の経験や知識の範囲内に限られてしまう ・教える側の影響を受けやすく、成長に差が出る（教える側の姿勢や保有する業務スキルや指導スキル、あるいは時間的な余裕など）

	特徴	
OFF-JT	社内の教育部門の人間や社外の外部講師などのプロが、一般化され、標準化されたものを中心に教えていく	
	長所	短所
	・教育内容やカリキュラムは、効率よく学べるように準備されたもので充実している ・教える人間はプロであり、効率よく学べる ・職場内の人員を割く必要がなく、上司・先輩の手間や時間が取られない ・受講者は職場から離れて教育を受けるため、日々の仕事に追われたり、業務を気にしたりすることなく落ち着いて集中できる	・一般的な内容になるため、自分の実際の業務と離れてしまうこともある ・学んだことをすぐに活用できないため、時間を置くことになり、学習効果が薄くなってしまう ・座学が中心となり、実技より知識に比重が置かれるため、実戦的な行動面への効果が心配 ・社外への支払いが発生し、コストがかかる

このように、「OJT」は、職務をこなしながら、具体的な仕事を通じて実践的に教える手法です。すぐに実践に活かし、早期に職務遂行能力の向上を図ることができるといった、すばらしい面を持っています。とは申しましても、長所の裏返しが短所になるように、教える側のスキルやその場の事情によって育成にばらつ

きが生じること、そして教える中身や順番が整理されていないなどの原因により、育成効果が大きく減じてしまうという一面も有しているのです。

本書では、このような「OJT」が有する長所と短所について、短所の発生を少なく押さえ、長所だけをいかに多く取り出すかといった視点に立ち、第3章以降で実践的な進め方を紹介しています。

本書をお読みの皆様には、「OJT」の効果を最大限に発揮するOJTリーダーになろうという気持ちになっていただいたと確信しています。

2 OJTで育成型リーダーシップを発揮する

OJTにはリーダーシップの発揮が不可欠
リーダーシップを構成する二つのリーダー行動を理解する

「OJTとは職場で教える教育」ということについて、前項で理解いただけたと思います。では、OJTを進める上で大切になってくる要素にはどのようなものがあるのでしょうか？

OJTを遂行する上で大切な要素はいくつも並べることができますが、最も欠かせないものとして、「リーダーシップ」が上げられます。「リーダーシップ」とは、目標や目的に向かって、周囲に影響力を発揮する過程と定義されます。

ここでもう一度、OJTリーダー制度の目的やOJTリーダーの目標を考えてみ

第2章　OJTの基本を学ぶ

ましょう。

　社会人として、あるいはビジネスマンとしての最も初期の段階において、新入社員がスムーズに新しい環境に慣れ、順調に立ち上がるようにすることが目的であり、この制度における最もキーとなる存在がOJTリーダーに他なりません。従って、OJTリーダーは、この目的を達成するために、担当新入社員に対して、効果的なリーダーシップを発揮し、良質な影響を受けてもらえるような存在になることが重要な役割となってくるのです。

　しかしながら、OJTリーダーには職務上の指示命令権限が与えられているということは少なく、特にブラザー・シスター的な位置付けのOJTリーダーの場合は、精神的な支援が中心になりますので、むしろ逆に、強制力を伴っていないフラットな立場でOJTリーダーとしての影響力を発揮してもらいたいと期待されています。このような位置付けにおいても、OJTリーダー制度を効果的に機能させるために、OJTリーダーは「リーダーシップ」についての理解を深め、担当する新入社員に対してOJTリーダーからの影響を積極的に受けてもらえるようなコミュニケーションを心がける必要があるのです。

　リーダーシップを発揮するためには、その元となるリーダー行動を理解しておく必要があります。このリーダーシップを構成する二つのリーダー行動とは、一つが「指示的行動」であり、もう一つが「支援的行動」になります。つまり、OJTリーダーの皆様が担当新入社員に対してリーダーシップを発揮する際に意識してもらいたい行動が、この二つの行動なのです。

　最初に「指示的行動」について説明します。

　「指示的行動」とは、リーダーがフォロアー（影響を受ける側）に対して、いつ・どこで・なにをすべきかを伝える行動です。つまり、「あなたがすべきことは○○です」と、やるべきことを明確に示すことです。例えば、「このデータに基づいて、今日中に資料を作成して下さい」とか、あるいは「今日はA先輩に同行して下さい」とか、目標を設定したり、期限を設けたり、やり方を示したりします。

　もう一つの「支援的行動」とは、リーダーがフォロアーに対して、積極的にコミュニケーションを取り、やるべきことを促進させる行動です。いわば、「その気にさせること」「乗せること」です。「なにか困ったことがあれば、いつでも声をかけて下さいね」とか、「君ならできると思うから、まずは一度やってみてごらん」とか、あるいは「これをしてみようと思うけど、どうやったらスムーズに行くか、君の考えを聞かせくれるかな」などのように、ほめたり、励まして自信を持たせたり、意見やアイディアを求めたり、逆に悩みを聞いてあげたりなどの行動をいいます。

つまり、リーダーがフォロアーに対して、ある目的のために影響力を発揮する行為、つまりリーダーシップを発揮しようとする時には、「指示的行動」と「支援的行動」の二つを、うまく組み合わせながら進めることが必要なのです。そして、どちらかの行動に偏ることなく、バランスを考えながら、状況に応じて使い分けることがポイントになります。

　ただ、誰でも自分のクセを持っていますので、意識しないといつもの自分のワンパターンに陥ってしまいます。洗練されたリーダーシップとは、この二つのリーダー行動を意識することによって初めて実現されるのです。

　OJTリーダーの皆様は、一度常日頃の自分のリーダー行動を思い浮かべて見て下さい。さらにレベルアップするための糸口が見えてくることと思います。

第2章　OJTの基本を学ぶ

3　OJTを推進するためのポイントを押さえる

OJTとは、単に現場で教えるということではない
教育として進めるための3つの視点を外してはいけない

　「OJT」とは、第1項で説明しましたように、きちんとした考え方に基づいた教育の一環であり、OJTリーダーは、OJTの長所を活かすべく進める必要があります。
　ところが、OJTを単に「上司・先輩が仕事をしながら教えること」と理解していることも、まだ多く見受けられます。人によっては「うちの会社の教育は全部OJTだから」という言葉を聞くことすらあります。多分、「うちの会社には教育研修というものはありません。いきなりすぐに仕事を与えられるので、いやでも覚えていきますよ」と言いたいのだと思います。このように、「教育体系のない状態」を「OJT」と勘違いしている人がまだ多いのは残念なことです。
　もちろん、なんらかの事態が発生した都度に、指導を行っていくことは大事なことですが、これは日常の中で当然に行われる指導であって、教育体系の一環として位置付けられているOJTとは、一線を画して取り扱った方が良いでしょう。
　OJTが教育としてより効果的に機能するための、重要視すべき3つのポイントがあります。

1．段階的
　物事には順番があります。特に、人間が理解するためには、難易度を検討しながら徐々に理解を広げていく必要があります。小学校の頃の算数や漢字を教えてもらった順序を思い出せば、容易に理解できます。
　いきなり難易度の高いものを単発で教えても、確かにその行動ができるようになるかもしれませんが、応用が利かない単独の行動で終わってしまうことが多いものです。例えば、高度な業界用語を一つ覚えても、その周辺知識がないとほとんど役に立たないことと同じです。
　まずは、教える必要のある全体像を体系的にまとめ、次に、それらをどういった順番で教えていけば、新入社員にとってわかりやすく、そして難なく飲み込んでもらえるか、そういった視点が必要になります。なぜなら、教育の最終的な効果は、新入社員に覚えてもらい、自分でできるようになることだからです。従って、教える側の都合だけで進めても、教育自体の目的の達成が不十分になってし

まうことでしょう。そのために注意しなければいけないポイントの一つ目が、「段階的」ということになります。

2．計画的

　前記の「段階的」に教えようと思うと、それを計画に落とし込んでおかなければいけません。二つ目のポイントは、「計画的」です。

　計画的とは、順番があらかじめ検討されているということと同時に、そこにスケジュールが組まれているということです。従って、その日の朝になって、「さぁ、今日はなにを教えようかな？」とか、あるいは「今日はなにをさせようかな？」と考えているようでは、OJTリーダーとしては失格です。

　OJTの前提として、「いつまでに・なにが・できるようになっておく必要があるか」という現実的な目標が存在しています。なぜなら、新入社員を一人前にするまでが教育であるということを考えれば、当然に逆算して、なにをいつまでに教えるか、ということになってくるからです。

　OJTは、この「OJT計画」に基づいて進められることになります。

3．具体的

　三つ目のポイントは、「具体的」です。

　「具体的」には二つの視点があります。一つは、「担当する仕事ごと」という職務別という見方であり、そして、もう一つは「あなたにとって」という新入社員個人別の見方です。

　なぜこの二つの視点で考える必要があるかと言いますと、新入社員は、まず、その配属先や、担当職務によってなにを覚えなければいけないかが異なってきます。そしてさらに、例え同じ職務であったとしても、担当する業務やエリアなどによっても、覚える内容は異なってくるからです。

　従って、OJT計画としては、大きな全体像的なものは人事部に雛形があるとしても、個々の新入社員に対するOJT計画は独自に立案されなければいけません。つまり、新入社員が十名いれば十通りのOJT計画が組まれるということなります。そして、このOJT計画を組むことが、OJTリーダーにとっての最初の仕事になるのです。

　これが、第3番目のポイントの「具体的」です。

　このようにOJTとは、単に日常の中で発生都度、あるいは必要に応じて教えるといった散発的な指導とは異なり、人材教育としての一貫した体制を作り、その

中で教えていくものであるということが理解いただけたと思います。

4　人材戦略の中におけるOJTの位置付けを考える

多忙な日常の中で教育するのがOJT
まず先に我が社の人材育成の全体像を理解することが大切

　OJTは、教育部門や教育専任担当の人間が行う教育ではなく、本来の担当業務を持っている上司・先輩が行う教育です。つまり、日常ルーチンの業務はそのまま遂行しながらの教育になるため、毎日発生する問題や業務上の都合による影響を受けやすい状態に置かれます。OJTリーダーは、そんな中でもOJTの目的から外れることなく、必要な教育を行っていかなければいけないことになります。
　従って、OJTリーダーは、まず最初に、自分が担当するOJTについての全体像を把握しておかなければいけません。社員教育の体系、今期の新入社員に対する教育方針や今期特に力を入れていくこと、あるいはOJT教育の期間といった、全社的な大きな視点から、OJTで教える教育範囲、あるいは、開発しなければいけない能力、教えなければいけない具体的な業務など、担当職務に直結した内容に至るまで、人材教育全体を幅広く、かつ細かな視点で押さえておく必要があります。

この項では、特に全社的な視点に立った内容について記します。個々の業務に関することについては、第3章、第4章で詳しく説明していきます。
　OJTに取り組む前に把握しておきたい全社的な事柄として、下記の5つが上げられます。

1．会社的な視点から「求められる人材像」
　企業を取り巻く経営環境は大きく、そして早いスピードで変化しています。こういった中で生き残るために各企業は迅速で柔軟な対応をしていく必要があります。そういった対応を行う主体は人間です。つまり、「この環境変化を生き残るために、我が社にとってどんな人材が必要か？」という視点から明らかにされる人材像が、「求められる人材像」に他なりません。
　どんな会社でも、「今の我が社が必要としている人物とは、こういった人材です」とか、あるいは「今後の我が社を引っ張っていく人は、こういった人材です」というような「求められる人材像」があります。OJTリーダーは、まずはそこの理解からスタートしなければいけません。

2．今期の新入社員に対する教育方針
　前記の「求められる人材像」は、まず採用部門の中で採用方針として展開されます。各企業の採用部門は、自社の求める人物像から見た下地があるかどうかを採用プロセスの中で見極め、新卒として採用し、入社後は教育部門、あるいは教育担当へと引き継ぐことになります。そして、この新人教育の中の一つに、OJTリーダーによる教育があるのです。
　教育部門は、「求められる人物像」育成に向けた教育方針（人材育成指針など）を作成しており、すべての教育はこの教育方針に基づいて進められます。
　従って、OJTリーダーは、自社の教育方針も理解した上で、OJTリーダーの職務に就くことが大切になります。

3．今期の新入社員に対する教育の全体像
　前記の教育方針に基づいて、社員の教育体系が準備されることになります。階層別の教育もあれば、目的別の教育として策定されるものもあります。それらの教育の最初に位置付けられる最も重要な教育が新入社員研修であり、それは教育部門が中心となって行うOFF-JTと職場で行われるOJTの二つに分かれることになります。また、OJT教育の前に内定者研修が行われている場合もあれば、OJTの後にフォロー研修が行われたり、あるいは入社1年後研修、入社3年後研

第 2 章　OJT の基本を学ぶ

修などが行われたりするケースもあります。

　従って、OJT リーダーは、担当新入社員が受ける教育の全体像を把握し、自分が推進する OJT の位置付けと目標を明確化し、担当新入社員と共有することが必要です。

4．今期の OJT リーダーが望まれること

　人材育成全体における新入社員教育、とりわけ OJT 指導についての位置付けが明らかになれば、自ずと OJT リーダーが望まれることが見えてきます。どういった姿勢で取り組まなければいけないか、あるいは逆に、してはいけないことはなんなのか、といったようなことがわかることでしょう。

　例えば、「顧客重視の人材を育てる」といった教育方針がある中では、OJT リーダーが顧客軽視と勘違いされるような言動には十分に注意を払わなければいけないということになります。OJT リーダーは、「お手本」としての存在であり、自分自身の言動に十分注意を払うことが必要です。そういった意味では、自分自身を知るということが、OJT リーダーにとってとても大切なことになります。

5．OJT リーダーが指導する期間と教える範囲

　OJT にはその前提として、教育期間が定められます。また、その教育期間内で教えなければいけない教育の範囲も決められていることでしょう。従って、自分が教えたいこと、教えることができることなどから、OJT リーダーが自分勝手に教える内容を決めてはいけません。新入社員教育の全体像の中で示された内容を教えるのが、OJT リーダーの務めなのです。

　このように、OJT は、人材戦略の中における重要な機能として位置付けられています。その OJT の要である OJT リーダーには、担当する新入社員に対し、将来の自社を引っ張る人材に育て上げようという強い心意気が大切なのです。

5 うまくいかないOJTの4つのパターン

5　うまくいかないOJTの4つのパターン

**OJTが失敗するポイントを把握し
障害を取り除いてOJTを効果的に機能させる**

　新入社員を育成する上において欠かすことのできないOJT教育ですが、現実問題として、うまくいかないことが多いという声もよく耳に入ってきます。その原因を追求していくと、「職場で教える教育」ということの真の目的を誤って理解し、単に「仕事をさせながら教えていけばいいんだ」という間違ったとらえ方をしていることにたどり着きます。

　本項では、「実際の仕事を通じて教育するOJT」を実践するために、欠かすことのできない4つのポイントを記載します。

> 1．（×）　教える中身が場当たり的でバラツキが見られ、散発的な指導内容になっている
> 　　→　（○）　教える中身が整理され、体系的にまとめられている

第2章　OJTの基本を学ぶ

　OJTリーダー自身が、なにを教えたら良いのか、事前に整理しておくことが必要です。マナーなのか、商品知識なのか、あるいはお客様とのコミュニケーションスキルなのかといったように、指導領域があらかじめ整理され、さらには、教える業務内容も細かく作業ベースにまでブレイクダウンされていることが必要です。これについては、次の第3章に記載しています。

> 2．（×）　発生都度に指導がなされるだけで、厚く教えてもらっている内容がある一方で、片や薄くしか教えてもらっていない内容があり、さらにはまったく教えてもらっていない空白エリアさえあるなど、教育内容の濃淡がまだら状態になっている
> 　→　（○）　育成計画が組まれており、いつなにを教えるかがスケジュール化されている

　前記1にて、教える中身がきちんと整理され、体系的にまとめられたとしても、現場における具体的な指導計画にまで落とし込まれていなければ、教育実行時においてバラツキが発生します。また、「段階的」でなければいけないOJT指導において、いきなり難易度の高い指導がなされたり、あるいは教える順番がチグハグになるなどの事態が発生します。OJT指導は計画的に進められなければいけません。これについては、第4章で詳しく記載しています。

> 3．（×）　OJTリーダーとフォロアーの関係は、ビジネス関係の延長上にあるだけで、フォロアーのOJTリーダーに対する信頼が薄い
> 　→　（○）　OJTリーダーが高いコミュニケーションスキルを有しており、フォロアーとの信頼関係を築くことができる

　フォロアーがリーダーの影響を積極的に受けようとするその根底には信頼関係があり、固い心の絆で結ばれていることは、第2項で述べました。信頼は、良好なコミュニケーションがあって初めて生まれます。OJTリーダーに良質なコミュニケーションスキルが求められる所以です。
　コミュニケーションスキルについては、第5章で記載しています。

> 4．（×）フォロアーのモチベーションが不安定で、前向きな状態に持って
>   いくことができない
>   → （○）フォロアーの前向きな姿勢を維持し、やる気を失わないように
>   工夫することができる

　何事も前向きな姿勢があって初めてエネルギーに満ちあふれ、旺盛な意欲と豊富な行動が実現します。フォロアーの持続的な成長を成し遂げるためには、その前提として高いモチベーションが維持されていることが必要です。そのためには、OJTリーダーは、新入社員のやる気を維持させるスキルを保有しておく必要があります。
　モチベーションアップについては、第6章で記載しています。

　第1章で「OJTリーダーの二つの役割」を理解いただきましたが、前記1と2は「仕事遂行というハード面」についての教育のために必要な要素であり、3と4は「心を前向きに保つというソフト面」における教育に必要な要素になります。
　OJTリーダーの皆様は、この4つのポイントを押さえ、実践していくことが期待されています。

（OJTをうまく進める4つのポイント）

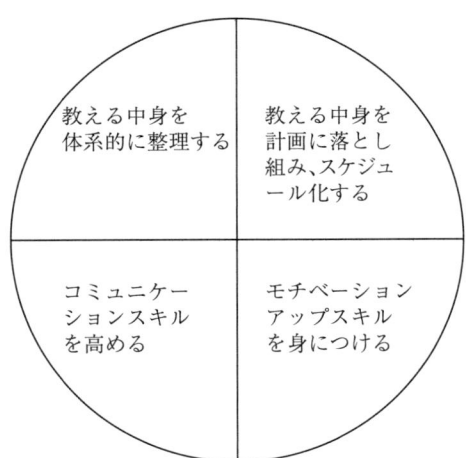

第2章　OJTの基本を学ぶ

章末コラム

OJTリーダーのための『ワンポイント　アドバイス』

やってみせ　言って聞かせて　させてみて　ほめてやらねば 人は動かじ

　この格言は、太平洋戦争当時の連合艦隊司令長官であった山本五十六元帥の有名な言葉です。山本五十六司令長官と言えば、敵国であったアメリカからも称賛されていた、日本を代表する当代第一級の人物です。

　現場で、新入社員に最も近いところで教育指導を行うOJTリーダーの皆様にとりまして、山本五十六元帥のこの言葉は、大きな指針になります。

　まず、OJTリーダーが自分でやってみせることが最初です。口でいくら言っても、百聞は一見にしかずの言葉通り、なかなかできるようになりません。まず見本を見せることが重要です。見ると聞くとでは、記憶への入り込み方自体が違っていると唱える学者もいるそうです。また、「そんなに難しいことではないですよ」というメッセージとしても伝わります。

　やって見せた後で、次は、口頭で説明・補足をします。なぜこのようにするのか、ポイントはどこになるのかなどを教えます。

　その後で、「では、一度やってごらん」と実際の行動にまで持っていきます。すでにOJTリーダーがやって見せているので、初めて行う新入社員にとっても行動化までの壁は低くなっていることでしょう。

　結果は、最初からそんなに上手にできることは、まず望めないでしょう。上手くできないからといって、ここでいきなり注意をしてはいけません。まして、できないことを声を荒げて怒るなどというのは、やってはいけないことです。それによって、自信をなくしたり、挑戦することに臆したりするようになってしまうからです。最初からスムーズにできる人間はいないことを、OJTリーダーは忘れてはいけません。むしろ逆に、「最初にしては、上手いもんだね」とか、「なかなか筋がいいね」など、良いところを見つけて誉めて上げることがポイントです。

　このプロセスを経ることによって、新入社員はチャレンジへの意欲を高め、新たな行動へと突き進んで行くことでしょう。

　OJTリーダーの皆様には、この4つのステップを有効に活用していただくことを期待しています。

第3章

新入社員に教える仕事の リストアップと体系作り

1 知識・スキルを3つの学習テーマに分けて考える

新入社員に教える仕事を具体的にまとめる前に
ビジネスリテラシーと職種専門知識と企業内スキルで切り分ける

　新入社員に対して知識・スキルを教えるための教育計画を策定するに際し、それに先だってまずは、自分の頭の中で、それぞれの知識・スキルの位置付けについて整理しておく必要があります。
　我々が新入社員に教える必要のあることはたくさんありますが、それらは大きく次の3つの領域に分けて考えることができます。

１．ビジネスリテラシー
　ビジネスリテラシーとは、仕事をする際に誰もが必要とされる基礎的な実務能力を言います。リテラシーとは、いわば「読み書きそろばん能力」といったような意味合いです。
　例えば、日本語の正しい理解は当然のこととして、漢字が読めるとか書けるとかいった基礎的なことから、最低限の四則計算ができるか、電卓が使えるか、あるいはPCの操作ができるかといったようなことまでのベーシックな能力です。
　これらの能力は、社会人としてのスタートラインに立つ前に、当然に必要とされているはずの能力です。なぜなら、例えば漢字を読めないと新聞を読むこともできませんし、契約書を理解することもできないでしょう。また漢字を書くこと

第3章　新入社員に教える仕事のリストアップと体系作り

ができなければ、現場で報告書を書いて提出したり、あるいは電話で伝言を頼まれた際にメモを記入することすらままならなくなります。また、電卓での四則計算ができなければ、顧客に対しての売価の計算などができないことになります。まして利益率を算出するなどは、難しくなることでしょう。また、考える力がないと企画書すら起案できないといった事態にもなりかねません。最低限の理解力がないと、顧客の言ったことから真意をくみ取ることすらできないかもしれません。

　これらの基礎的な能力がないと、今後のビジネス人生に大きく支障をきたすだけに留まらず、情報の授受がスムーズに行えないため成長スピードが大きく遅れをとることにもなりかねません。

　もちろん、このビジネスリテラシーは、採用の段階でチェックされているのが当然なのですが、ただ単にリテラシーが有るか無いかという視点ではなくて、各人の得手不得手の差と言った方が正しいかも知れません。不得手な領域は、入社後の教育で高めておく必要があります。若いうちなら、いくらでもリテラシーを形成することができるからです。

　従って、OJT リーダーは、担当の新入社員のビジネスリテラシーについては、まずは最初に確認し、もし不足している部分が感じられた場合は、育成計画の中で別途入れ込んでおかなければいけないことになります。

２．職種専門知識・職種専門スキル

　職種専門知識・スキルとは、自分の職務を遂行するために必要な知識やスキルを言います。例えば、設計職ならばCADの操作を習得する必要がありますし、また営業であれば、営業スキルを身に付けることが必要になってくることでしょう。

　OJT リーダーが現場で教える知識・スキルとは、この職種専門知識・スキルが中心になってきます。なぜなら、業務に密着した専門知識は、具体的で実践的に理解されることが必要であり、逆に言えば、専門知識の習得には実践可能なポイントが盛り込まれていなければいけないことになります。つまり、現場におけるOJT 指導が大きく効果を発揮する学習テーマとは、職種専門知識・スキルに関することになってくるわけです。

　従って、OJT リーダーの教育は、この職種専門知識・スキルが多くを占めることになります。次項以降で記載されている、育成内容の体系的な整理とは、職種専門知識・スキルを中心に考えられています。

1　知識・スキルを3つの学習テーマに分けて考える

3．企業内特殊知識・企業内特殊スキル

　企業内特殊知識・スキルとは、自社や自分の組織に特有の知識とスキルです。例えば、伝票の書き方から納期に関する知識とか、あるいは仕事を進める上での社内固有のルール等です。

　どの会社・組織にも、その歴史の中で培われてきた仕事の進め方があります。卑近な例で言えば、朝礼の発表の順番とか、外出をする前に行う手続、あるいは文具を購入する際の承認手続きや経費処理の方法など、会社が違えば職場ルールや事務手続といった面が異なってきます。

　このように自社で仕事を進める上で必要な知識・スキルについても、OJT指導の範囲に含まれます。従って、OJTリーダーは、OJT計画の中で仕事の進め方の基本部分をしっかりと伝えなければいけません。

　この3つの学習テーマについては、本書の他の項目で触れることはありませんが、OJTリーダーとして仕事を理解し、教えていくに際し、仕事をこのような3つの学習テーマに切り分けて考えることができるということを知っておくことは、いろいろな場面で役立つことでしょう。

第3章　新入社員に教える仕事のリストアップと体系作り

2　仕事目的を確認する

自分達の仕事について整理する、その手始めは仕事目的の理解から
存在価値を明確にしながら目的を理解する

　新入社員に具体的な仕事を教えるに際し、最初にしておかなければいけないことは、「自分の部署はなんのためにあって、それを遂行するために周囲との関係において、どういった位置付けにあるのか」ということの理解を確かにしておくことです。なぜなら、ある仕事や特定の動作を教える時には、同時に"なんのために"この動作があるのかといった説明をしながら教えなければいけないわけですが、その際に立ち戻る原点が必要になってくるからです。
　従って、OJTリーダーは、自部署の仕事目的を事前に整理し、それを具体的な仕事マップに落とし込んで、視覚的に説明できるようにしておく必要があります。
　まずは、「仕事目的」について考えていきましょう。
　仕事目的は、自部署の存在理由（ミッション）により説明され、その存在理由は、存在価値に裏付けられています。仕事は、存在価値があるから存在しているのです。そして、その仕事を遂行するための最も有効な手段として部署が形成され、存在しています。もし、その仕事を遂行するために、別な形、例えば外注するとか、の方が良い手段であったとするならば、すでにそちらが選択されていることでしょう。たとえいくつかの問題があるにせよ、現状の形になっているには、それ相応の理由があるのです。従って、今、皆様の部署が存在しているということは、そこには明確な存在理由があるはずです。もし、存在価値が相対的に少ないと判断されるにも関わらず存在しているとするのであれば、それは会社としての大問題であり、早急に解消されなければいけないことになります。
　この、「我々はなんのために存在しているのか？」が、OJT指導における出発点になります。例えば、営業部であれば、「我々は、製品の販売によって顧客の発展と自社の利益に貢献するために存在している」とか、経理部門であれば、「正確な経理処理によって、各部門が仕事に専念でき、会社が安定した経営ができるために存在している」などのような存在理由が考えられます。

　仕事目的を考える際の視点を記したのが次になります。

2　仕事目的を確認する

(1)　仕事目的を考える視点

- ・なんのためにこの仕事があるのか？
- ・この仕事に求められるものはなにか？
- ・この仕事の存在価値はなにか？
- ・どんな貢献をしている仕事か？　など

(2)　仕事目的を考える際の注意点

- ・全社的な視点（全部門横断的な視野）での全体最適に注意する。
- ・自分達の職場や自部署の都合だけを優先するのではなく、全社的な視点から仕事の流れを優先する。

(3)　仕事目的を記載する際の表現方法

「○○のために□□を△△する」

その仕事の目的と目指すべき結果、なにがどうならなければいけないのか？といったような内容が確実に伝わる表記になっていなければいけません。

「仕事目的」の確認が終われば、次は「仕事マップ」の作成に入ります。

3 仕事マップを作成する

仕事マップで全体像を視覚的にとらえ
自分達の位置付けと周囲との関わりを理解する

　我々は、前項の仕事目的を全うするために、周囲と綿密に関わりながら業務を進めています。この全体を視覚化したものが次の図のような仕事マップになります。図の中心に自部署を置き、部署と部署との関わりの中における自部署の立ち位置、あるいは会社の業務全体の中における自部署の位置付けを明確にし、果たすべき役割と存在価値を確認することが目的です。個々の業務は、この仕事マップで描かれた役割を果たすために行われているのです。

　仕事マップを作成する際に、社内における部署同士の関係だけでなく、顧客や社外の仕入先や外注先、あるいは協力会社もマップに書き入れることにより、お互いがどのようにつながっているのか、お互いがどのように協力しあっているかを図上で確認することができます。

　また、この仕事マップは、第5項で記載している「後工程はお客様」という視点を理解する上で大切になります。なぜなら、「自分達の部署のお客様」が明らかになるからです。つまり、自分達のお客様を明確化することにより、「誰に対してどんな貢献をするのか」が具体的に見えてくるようになるからです。

　従って、OJT指導を始めるに際しては、新入社員にこの仕事マップを見せながら説明し、大きく全体を理解させることが大切です。

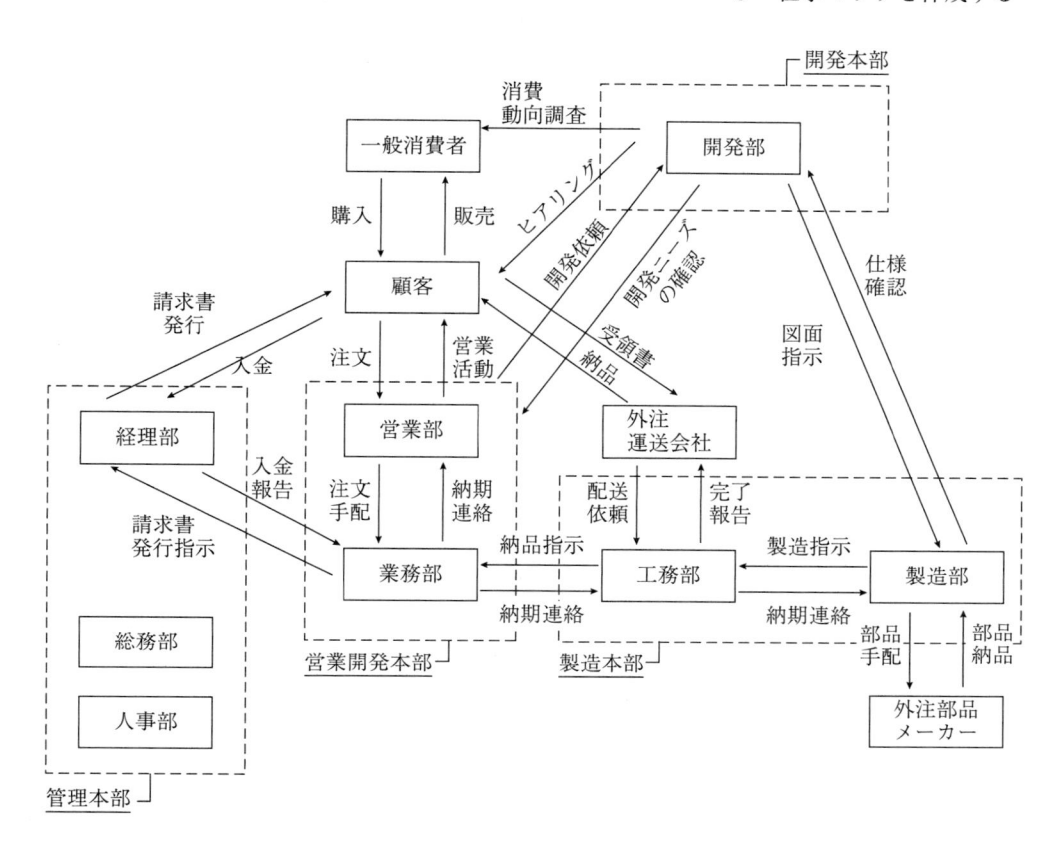

3 仕事マップを作成する

　仕事マップを作成した後に、「部署内の仕事の流れ（ワークフロー）図作り」を行っておけば、さらに新入社員の理解を深めることができます。

　部署内で行われる仕事とは、部署外から入ってくる「IN PUT」があって、それに基づいて部署内での業務が行われ、その結果として、なんらかの形にして「OUT PUT」を行う、という流れになります。これを視覚化したものが「部署内ワークフロー図」です。

　例えば、生産に関わる部署の場合、ざっくりと次のようなワークフローで描くことができるでしょう。

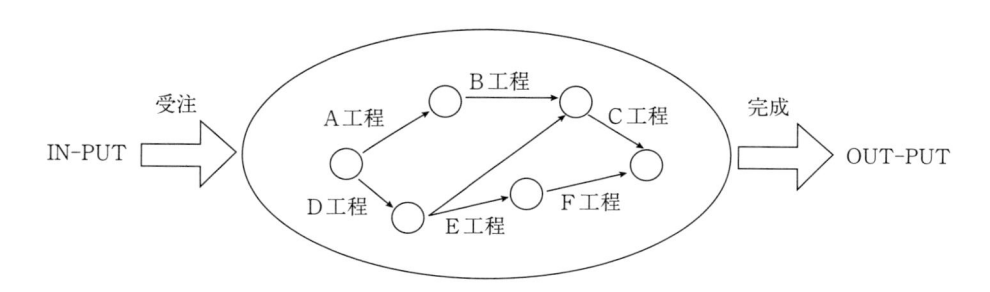

これを明らかにすることは、次項で説明している「仕事の棚卸し」の下地となり、棚卸しが進めやすくなります。また、この段階で、「品質の良い OUT PUT を出すために必要なことはなにか？」「どんな OUT PUT にしたら後工程に寄与できるか？」などの視点を教えることもできます。同時に、その視点を追求していくことにより、すべての仕事に必要とされる基本的なこと、例えば、「正確さ」とか「きれいさ」、あるいは「早さ」といったことにまで指導範囲を広げて、説明することもできます。

「仕事マップ」、あるいは「部署内ワークフロー図」が完成したら、次はそれを個々の作業動作まで分解していきます。

4　仕事の棚卸しを行い業務一覧表にまとめる

新入社員に担当させる仕事を分解し、業務一覧表を作成する
作業動作まで落とし込むことがポイント

仕事マップで自部署の仕事の全体像を明らかにしたら、次は、その中でも新入社員に担当させる予定の仕事を細かく分解し、個々の作業に落とし込んでいきます。新入社員にとって、たとえ全体像を教えてもらったとしても、自分が担当する個々の業務ができるようにならなければ、仕事を覚えたことにはならないからです。

仕事を分解することを「仕事の棚卸し」と言います。その基本的な手順は次のようになります。

(1)　新入社員に担当させる予定の「業務・仕事・作業」をカードに書き出す。1枚のカードに一つの業務・仕事・作業しか書かないようにする。思い浮かぶことから、順番を考えずに書き出していく。

> 電話を取る

4　仕事の棚卸しを行い業務一覧表にまとめる

(2) 書き上げたカードを、"関連しているもの同士"でまとめる。基本的な手順は、1枚のカードを最初に置き、"似た者カード"を隣に並べる。以下順番に、次のカードを同様に置き、その隣に似た者カードを並べて、まとめていく。

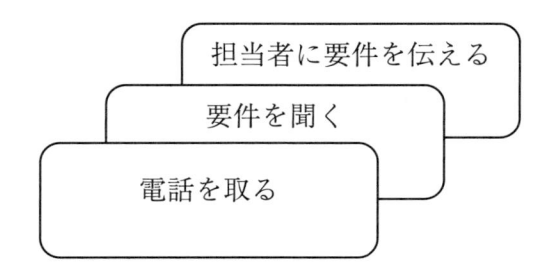

```
    担当者に要件を伝える
  要件を聞く
電話を取る
```

(3) まとめたグループ毎に囲みでくくり、"表札"を考え、付ける。

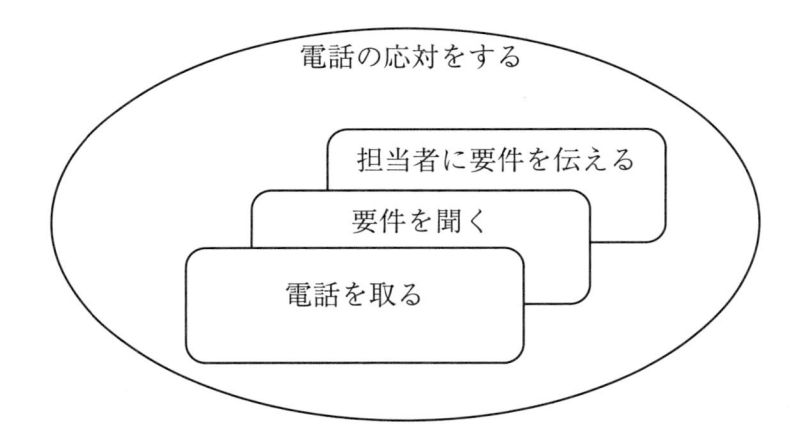

```
        電話の応対をする
      担当者に要件を伝える
    要件を聞く
  電話を取る
```

(4) いくつかの小グループを、"関連しているもの同士"で再度まとめてくくり、中グループとし、そこに表札を付ける。順次、中グループを作っていく。必要があれば、中グループをいくつかまとめ、大グループにしてもよい。

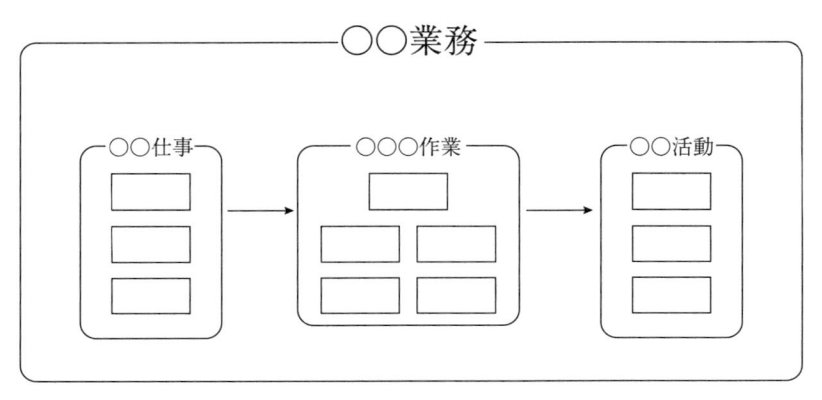

```
┌─── ○○業務 ────────────────────┐
│ ┌─○○仕事─┐ ┌─○○○作業─┐ ┌─○○活動─┐ │
│ │ ▭▭▭▭ │→│ ▭▭▭▭ │→│ ▭▭▭▭ │ │
│ └──────┘ └───────┘ └──────┘ │
└─────────────────────────────┘
```

第3章　新入社員に教える仕事のリストアップと体系作り

　このようにして分類したカードを「業務一覧表」にまとめていきます。
　業務一覧表では、3段階に分けて業務を整理します。その際に、カードに書かれた言葉や表現を適切なものに書き直します。

①作業動作…「○○を△△する」で表される身体を伴った動き
　・指導・処理・管理・応対、といったような大雑把で抽象的な表現は避ける
　・具体的な動作で示す、「名詞＋動作」の形にする
　・第3者にも仕事の内容がわかり、その人の動きが容易にイメージできるような具体的な記述にする
　・例えば、(悪い例) 応対業務　→　(良い例)・外来者のお出迎えを行う
　　　　　　　　　　　　　　　　　　　　　・ご来社の要件を聞く
　　　　　　　　　　　　　　　　　　　　　・アポの確認をとる

②単位業務
　・複数の作業動作で完結する一連の仕事
　・先ほどのカード分類で洗い出した際に命名した「項目」名（表札）を参照にする

③業務分類
　・複数の単位作業を、目的を同じくする一定の業務範囲でまとめた仕事
　・先ほどのカード分類で洗い出した際に命名した「項目」名（表札）を参照にする

（作成例）

仕事内容		
業務分類	単位業務	作業動作
応対業務	電話の応対をする	電話を取る
		要件を聴く
		担当者に要件を伝える
	訪問者の受付応対をする	外来者のアポを事前に確認しておく
		外来者のお出迎えを行う
		ご来社の要件を聞く
		アポの確認をする

5　仕事の品質を上げるためのポイントを整理する

それぞれの作業動作について品質を決めるポイントを記載する
後工程視点を外さずにポイントに盛り込む

　前項までの流れで「業務一覧表」を作成してきましたが、その目的は新入社員に仕事を教えることにあります。つまり、どういった種類の業務を担当し、どういった作業を行うのかを教えたとしても、それが単に手足を動かすという程度に留まることだけでなく、スムーズに、そしてより効果的にできるようにならなければいけません。さらに言えば、より短時間でその域に達することができるように導くことが、「教える」ことの効果でなければいけないのです。

　従って、それぞれの業務や作業について、その品質を決定付けるポイントを整理しておく必要があります。この「仕事の品質」を追求していくと、その品質はいったい誰が決めるのか？という視点にたどり着きます。仕事の品質を決めるのは「お客さま」であることについて、誰も異論はないでしょう。

　では、「お客さま」とはいったいどういった存在の方になるのでしょうか？

　一般的には、"お客さま"と言うと、自社の製品やサービスを購入してくれる方を指します。ということは、製造部のように、直接に購入者と接触していない仕事には「お客さま」は存在しないということになるのでしょうか？もし存在しないということであれば、上で述べた「仕事の品質」を決める人は存在しない、ということになってしまいます。これでは、なにか少しおかしいですね。

　実は、「お客さまには二通りのお客さまがある」と考えると、この疑問を整理することができます。二通りのお客さまとは、一つは「社外のお客さま」であり、もう一つは「社内のお客さま」です。通常、我々が「お客さま」と言うときは、ほとんどの場合は「社外のお客さま」を指しています。

　ここで、皆様が作成した「仕事マップ」を確認してみて下さい。業務の流れを追っていけば、例えば製造部であっても、営業部を通じて「社外のお客さま」とつながっていることがわかります。つまり、直接に「社外のお客さま」と仕事でつながっていない仕事であったとしても、自分の仕事の後工程を通して、めぐり巡って「社外のお客さま」とつながっているということがわかります。

　また、後工程という視点を持つと、どんな仕事にもお客さまが存在していることがわかります。つまり、「後工程はお客さま」という言葉に代表されるように、自分の後工程の部署・人がお客さまなのです。後工程はほとんどが社内になりま

第3章　新入社員に教える仕事のリストアップと体系作り

すので、「社内のお客さま」と位置付けて考えます。

このように考えていくと、「作業の品質を高めるためのポイント」を検討する際に、後工程視点が欠かせないことがわかります。

後工程視点を大切にしながら、業務を遂行する際のポイントを導く考え方を次に記します。

> ・なんのためにこの業務・作業はあるのか？
> ・この仕事に求められる役割はなにか？
> ・今回で洗い出した各作業や業務が、正しく行われたというのは、どういったことができていればそう言えるのか？
> ・お客さま（後工程の部署・人）のニーズはなにか？
> ・お客さま（後工程の部署・人）の満足度を決めるものはなにか？
> ・お客さま（後工程の部署・人）は、どのような点を重視しているか？　等々

ポイントを作成する際には、OJTリーダーが自分一人で考えるだけでなく、上司・先輩に聞いたり、あるいは各作業や業務毎に後工程の部署・人に直接ヒアリングしたりしてもよいでしょう。また、部署内ワークフローの重要度が高い部署では、この機会を活用し部署内ミーティングを開催し、意見を集めるという方法も試して見る価値はあります。これらを通して、仕事の品質向上のための新たな視点が見つかるかもしれません。

（作成例）

仕事内容			
業務分類	単位業務	作業動作	品質を高めるためのポイント
営業活動	顧客折衝	訪問アポ取り	・いくつかの選択肢を提示する ・事前に要件を伝え、準備してもらう
		現状を確認する	・過去からの経緯も確認する ・今起きている変化も見過ごさない
		課題を共有する	・事実を定量的に把握する ・問題の大きさを押さえる
		提案する	・事前に3案を準備しておく ・導入後のメリットを示す
	新規開拓	攻め先をリストアップする	・業種で絞るか、エリアで絞るか ・ランク分けしておいた方がよい
		潜在ニーズを予測する	
		新規電話をかける	
		担当者を特定する	
		アポを取る	

5　仕事の品質を上げるためのポイントを整理する

【業務一覧表】

部署名　　　　　　　　　（作成者）　　　　　　　　　（作成年月日）　　年　　月　　日

仕事内容

業務分類	単位業務	作業動作	品質を高めるためのポイント

39

第３章　新入社員に教える仕事のリストアップと体系作り

仕事目的の確認 → 仕事マップの作成 → 業務一覧表にまとめる → 品質を高めるためのポイントの整理

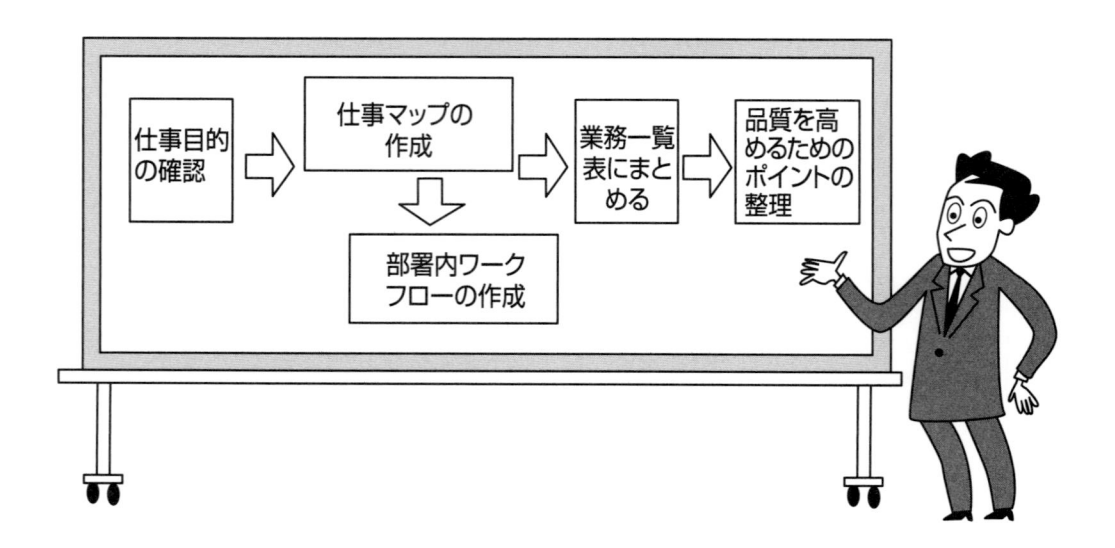

仕事マップの作成 ↓ 部署内ワークフローの作成

| 章末コラム |

OJT リーダーのための『ワンポイント　アドバイス』

守破離

　この言葉は、室町時代に能を開花させた世阿弥が唱えたと言われており、「道」を学ぶ順番を示しています。

　新入社員が、仕事のできる先輩のテクニカルな動きや独特の言い回しなどをそのまま模倣している場面をよく見かけます。「学ぶ」の語源は「真似ぶ」と言われるように、先達を真似ることが最初の第一歩になりますが、ポイントは、先達のなにを真似るか、どこを真似るかということです。つまり、真似る事が大事だからこそ、真似る部分を間違ってはいけないのです。

　一流の境地に達した、できる人には、その人独自の動きや独特な言い回しがあったりします。それらは、その人らしさがにじみ出ている言動だからこそ相手に好意的に受け入れられるものの、他の人が同じことをすれば、相手に失礼を感じさせたりすることも多くあります。あるいは、豊富な経験に裏付けられた人が行うからこそ称賛を得ることができるけど、経験の浅い若手が行うと、本人の立場や力量にそぐわないちぐはぐな行動になってしまうこともあります。

　新入社員が真似る対象とは、いきなりそういった高度なものや、テクニカルなもの、固有のものではなく、その根底にある「基本」なのです。

　「守」とは、文字通り「守る」ということであり、なにを守るかというと「基本を守る」ということです。まずは基本から外れないようにすることが大切です。スポーツや習い事をし始めた時のことを思い起こせば、容易に理解できます。

　基本を完璧に身に付けた段階になってはじめて、「破」の段階になります。これは、基本的な動きを少し破るというような意味です。ただ、実際に破っているのではなく、「基本」の上に、自分らしさを少しずつ取り入れているといった理解です。「基本」から外れないようにしながら、時間をかけ、試行錯誤を繰り返しながら、少しずつ少しずつ自分らしさを取り入れ、徐々に自分の型、自分のパターン、自分色を添えていきます。その過程を端から見ると、あたかも破っているように見えるということだけであって、どんなベテランになっても、決して基本から離れることはないのです。

　そして、いよいよ次の段階が「離」です。これは「基本」から離れているよう

に見える、という意味合いです。ベテランの域に達し、道を極めた人が達した境地になります。この段階では、「基本」は素人目からはまったく見えなくなっており、ただその人らしいパフォーマンスだけが華やかに映っていることでしょう。しかしながら、「離」は「守」の延長上にしかないことを忘れてはいけません。

　担当する新入社員の将来のためにも、OJTリーダーの最も大切な役目は、基本をしっかり教えることなのです。

第4章

育成計画作りとOJT指導の実施

1 新入社員育成の全体像を理解する

まず先に新人に対する会社の人事計画を把握する
育成計画の中におけるOJT指導の位置付けを理解する

　OJT指導を行う前に、OJTリーダーとしてOJT指導計画を立案しなければいけません。場当たり的な育成にならないようにするためです。計画立案の際に大切なことは、OJT指導は新入社員の育成計画の一環であり、まずは今年入社の新入社員に対する人事計画を把握しておく必要があるということです。その上で、育成計画全体の中におけるOJT指導の位置付けと役割を理解し、その理解の後で、その役割を全うできるように具体的なOJT指導計画へと落とし込んでいく流れになります。

　入社後の新入社員に対する人事面における流れは、業種や職種、あるいは会社によって様々ですが、代表的なものとしては次のようになります。OJTリーダーは、最初に自社におけるこの流れを把握するところからスタートしなければいけません。

1．入社式
2．新入社員研修
3．配属
4．配属先におけるOJT指導

第4章　育成計画作りとOJT指導の実施

5．独り立ち（例えば、自分の目標額を持つ等）
6．新人フォロー研修
7．一人前（基準は各社様々）

　「入社式」はOJTリーダーの皆様も経験しているように、ほとんどの会社では4月1日に行われます。入社式の後に入社手続きが行われ、晴れて社員になるわけです。OJTリーダーにとって、社長や役員がどのようなお話しをされ、新入社員になにを示されたのかについて、人事部に聞いておく必要があります。なぜなら、OJTリーダー指導期間の中で、新入社員に教える際に遡る原点となるからです。この入社式〜配属されるまでの期間に、新入社員はまとまって「新入社員研修」を受けます。

　「新入社員研修」とは、同期入社の新入社員が一定期間、一つところにかたまって同じ教育を受ける研修で、企業によっては、「入社時導入研修」「新人集合研修」などと言われたりします。この研修は、まだ配属前の段階で行われますので、特定の職種に偏ることなく、ビジネスに必要な基礎知識やマナー、あるいは自社の理解を深め、取り扱っている製品・サービスに関する知識や業界知識を教えることが目的になります。この新入社員研修の期間は、業種や職種、各企業によって様々で、3日で終えるところもあれば、3ヶ月を費やす会社もあります。OJTリーダーにとっては、担当する新入社員がどのくらいの期間に渡って、どの程度の基礎知識教育を受けたかによって、自分が行うOJT指導の中身が変わってくることになりますので、十分に把握しておく必要があります。

　前記の新入社員研修を終えると同時に、それぞれが特定部署に「配属」され、いよいよOJTリーダーの皆様のところにやって来ます。そして、ここからOJTリーダーとしての業務が始まります。

　OJTリーダーの業務を遂行する期間について、大きくは次の3つのタイプに分かれます。

(A)　「独り立ち」まで
　　単独で目標を持ったり、担当地域や担当客先を持ったり、一人で外回りをするようになる等を称して「独り立ち」と表現したりします。担当するだけの力の有無に関係なく、たいていは会社の人事異動の一環として行われ、いわゆる「丁稚」ではなく、責任を負う範囲が決められます。

(B)　「一人前」に到達するまで
　　この「一人前」になる時点については会社によって様々ですが、代表的なものとして下記の3つの考え方があります。皆様の会社ではどの視点で見て

1　新入社員育成の全体像を理解する

いるのか、事前に確認しておく必要があります。
①上記の「独り立ち」と同じ意味で使用される場合。
　　この場合は、新入社員一律ではなく、配属された職種や部署による考え方や個別事情によって異なってきます。
②人事部のサポート期間が終了した後を言う場合。
　　人事部との関係について、配属された時点で一般社員と同程度になる会社もあれば、例えば3年間は人事部との関係は切れずにサポートを受け、なにかあれば人事部が介入する期間として設定している会社もあります。この場合は、会社として一律で決めていますので、新入社員全員が同じということになります。
③あらかじめ一人前基準を設定し、その基準をクリアした人から一人前と認められる場合
　　例えば、自動車教習所で一項目毎に合格をもらうような進め方で、業務に必要な個々の作業などが問題なくできるようになったかどうかのチェックを受け、それらのすべての項目に合格した時点で一人前と認められる場合。この場合は、新入社員が一人前になる時点は、一人ひとりで異なってきます。
(C)　期間があらかじめ決められている場合
　　例えば、「入社後1年を経た時点で、OJT指導期間を終了する」というような場合など

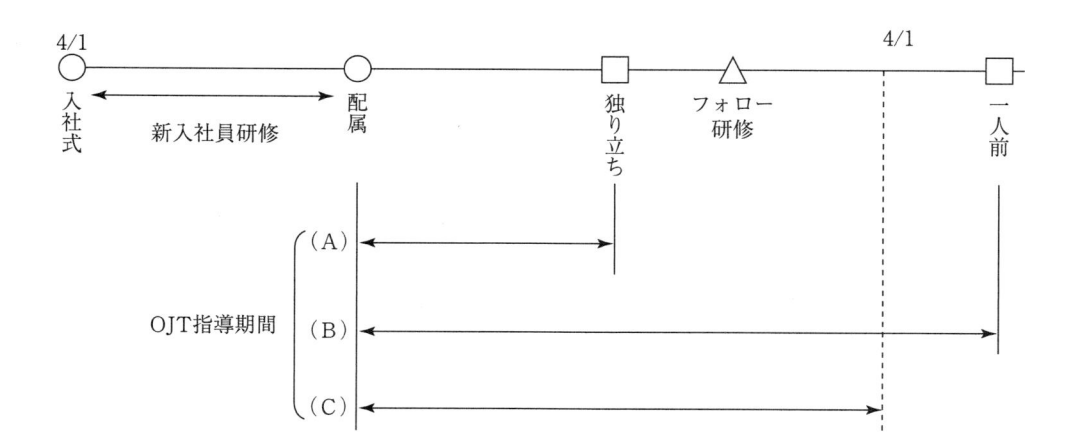

第4章　育成計画作りとOJT指導の実施

　OJT指導期間中において、「新人フォロー研修」が行われる場合があります。新入社員が配属された後で、再び全員が一同に会し研修を受けるものです。フォロー研修の前後において、OJTリーダーは人事部と連絡を取った方がよいでしょう。例えば、フォロー研修実施前には、担当新入社員の様子を人事部へ報告するとか、あるいはフォロー研修の目的を人事部に確認した上で、担当新入社員にきちんと伝え、動機付けを行うためです。そして、フォロー研修の後には、人事部に連絡を取り、研修中における担当新入社員の様子や発言などについて確認し、その後のOJT指導に反映していく必要があります。

2　育成計画を立案する

洗い出した「新入社員に教える業務」について
いつどのように教えていくか具体化し、スケジュールに落とし込む

　我々がなにかを学習するとき、特に基本的なことを学習する際には、順番がとても重要なポイントになります。例えば、小学校1年生から6年生までに習う内容は、事前に体系的に整理され、教える順番が決められた上で計画的に一歩一歩進められます。少し極端な例になりますが、6年間で習う内容を日々ランダムに教えていくような教育が行われるとすれば、習う側が混乱し、学習が積み重ならないことは容易に想像がつきます。昨日は1年生の算数を習い、今日は6年生の算数を習い、明日は3年生の算数を習うような場当たり的な教育場面を想像すれば、教えてもらう方が混乱し、深い理解がなされないまま、結局身に付かないことがわかります。

　新入社員に教えるというのは、いわばこれと同じようなことになります。

　自分の担当する業務が決まった後には具体的に仕事を進めることになりますが、これは都度発生したことを題材とした場当たり的・散発的な指導であって、ごく日常の学習環境になります。OJT指導とは、これとは一線を画して別に存在する指導であって、このOJT指導において計画的であることが最も大切なポイントになります。いわば、目に見えない"教科書"に則って進める必要があるのです。この目に見えない教科書を作成するのもOJTリーダーの重要な仕事です。

　OJT指導計画は、まずは「新入社員育成計画シート」を作成し、さらにそれを「新入社員育成スケジュール表」に落とし込むことによって、行動に向けて明確化されます。つまり、第2章で記載している「OJTの3つのポイント　　1．段

階的であること　　2．計画的であること　　3．具体的であること」を実践することに他なりません。

(1)　新入社員育成計画シート
　この表では、第3章の流れで洗い出した個々の業務について、次の項目を明らかにします。

1．それぞれの業務について…教える業務
2．どのレベルまで…到達させなければいけない水準・目標レベル
3．どのような方法で…教える具体的な内容・方法・手段・やり方
4．いつ…教えるタイミング・期間・期日
5．誰が教えるか…教える人

　この表の作成により、個別業務の教育について具体的に整理され、可視化されます。
　作成に際し、次の点に注意する必要があります。

1．教える業務
　　業務内容という大きなサイズでまとめるのではなく、基本的には単位業務でまとめることが望まれます。業務によっては、作業動作まで落とし込む必要があります。
2．到達させなければいけない水準・目標レベル
　　これは、習得しなければいけない目標レベルになります。ベテランの領域にまで育てようとすれば、長い期間を必要としますので、OJT指導期間ではそこまでカバーすることはできません。従って、OJT指導期間でどこまで育成したらよいのか、といった視点で目標レベルを決めることがポイントです。そして、その目標水準まで一気に教えることさえ難しいでしょうから、Step by Step で教えていく必要があり、途中途中の何段階かのステップ目標に分けて作成します。
3．教える具体的な内容・方法・手段・やり方
　　一つのことを教えるにしても、一つの方法で1回教えればそれで大丈夫ということには、なかなかなりません。1度だけでは伝えきれないことの方が多いことでしょう。従って、いくつかの方法を組み合わせ、段階的に教え込んでいくことが必要な場合の方が、むしろ多いものです。そういった点にも注意し、いくつかの方法の組み合わせを検討しなければいけません。

第4章　育成計画作りとOJT指導の実施

4．教えるタイミング・期間・期日
　　前記3の内容ごとに教える時期を検討します。これは、関連する業務を考慮した上で、教える順番を明らかにしてから期日を予定していきます。
5．教える人
　　前記の「教える方法」が決まれば、誰が教えるかは、ほぼ決まってきます。OJTリーダーが自分ですべてを直接教えなくてもよいわけですから、同じ部署の他メンバーに依頼することもあるでしょうし、場合によっては他部署、例えば開発部とか企画部に依頼した方が良い内容もあります。計画書の作成段階では、依頼しようと考える部署名を記載しておけばよいでしょう。

(2)　新入社員育成スケジュール表
　前記「新入社員育成計画シート」が完成したら、次はそれをスケジュール表に書き込んでいきます。最初から「○月○日に□□をする」というような詳細な計画を立ててしまうと、その後の修正に手間がかかりますので、現実的にはまずは1週間単位くらいのスケジュールを組み、金曜日に翌週5日間についての具体的な行動予定を組むというのがお勧めのやり方になります。

2 育成計画を立案する

新入社員育成計画シート

新入社員名		所属		予定担当業務		OJTリーダー氏名		作成年月日 年 月 日	
OJT指導期間	年 月 日 ~ 年 月 日								
指導項目	単位業務/作業動作	目標レベル		OJT目標		指導予定期日	教える人	実施済チェック欄（日付記入）	備考
業務内容				具体的な指導内容・方法・やり方					

第4章　育成計画作りとOJT指導の実施

3　受け入れ準備と受け入れ

最初の出会いが肝心
細かく配慮し、周到に準備することが大切

　新人研修を終えた新入社員は晴れて配属先が決まり、皆様の部署にやって来ます。その初日の朝がひとつのポイントです。
　新入社員は配属先に出社する初日の朝は、大きな期待と不安を持って、緊張しながら朝早く出社することでしょう。その時のこんな二つの場面を想像してみて下さい。
　新入社員A君がまだひと気の無い職場に恐る恐る顔を出した時には、すでに先輩らしき人がすでに出社していて、自分を見つけるや、先輩から元気で明るい挨拶の声を掛けてもらいました。その先輩は、自分を担当するOJTリーダーであることはすぐに伝わってきました。後で知ったことですが、今日自分が配属されて朝に出社してくるので、それでいつもより朝早くに出社し、自分を待ってくれていたのでした。挨拶の後で、「ここが君の机になるから、座って待っていて」と言われ案内された机は、新品ではないものの、すでに小綺麗に掃除されていることが一目でわかりました。引き出しを開けてみると、隅々まできれいに拭いていただいていたのか、四隅には埃ひとつありません。徐々に部署の上司や先輩達が出社され、机に座っている自分を見つけ、皆さんから「おはよう〜」と声を掛けてくれますので、その都度立って元気良く「おはようございます」と挨拶をしました。朝礼ではかなり緊張したものの、なんとか考えていたとおりの自己紹介を行うことができました。朝礼後、早速OJTリーダーの方とのミーティングを行いました。OJTリーダーの方は、すぐに「新入社員育成計画シート」を取り出して自分の方へ見せながら、OJT指導期間中になにを教えるかといったような全体像を説明してくれました。「OJT指導期間が終わる時には、こういったレベルにまで達してもらいたいんだ」と、目指すべき目標水準まで示してくれました。そして「新入社員育成スケジュール表」を見せてもらい、どのように進めるのかも説明してくれました。そして早速この後でOJTリーダーの方に同行して外出の予定とのことです。社会人になって初めて社外の方に会うことになりそうで、かなりドキドキしますが、自分が歓迎されていることがよくわかり、またOJTリーダーの方が熱意を持って接してくれている気持ちがとてもうれしくて、この部署に配属されて本当によかったと思いました。そして、がぜんやる気が出てきました。

これがA君の場面ですが、一方B君の場合を見てみましょう。

新入社員B君が、配属初日の朝に職場に初めて顔を出した時、時間がまだ少し早かったのでしょうか、まだ誰も出社しておらず、部署の電気さえまだつけられてなく職場は薄暗いままでした。どこで待っていたら良いかもわからないまま隅でじっと立ったまま、シーンとした薄暗い部屋の中で待つこと20分。廊下を歩く足音が聞こえ誰かが入ってきました。隅に立っている自分を見つけ、「君は？」と聞かれ、あわてて今日から配属される新入社員であることを話しました。すると、「そうなんか。そんなことなにも聞いてないな。まぁ、そこの打ち合わせテーブルに座って待ってて。担当が誰かはわからないけど、その内、出社してくると思うから」と、片隅にあるテーブルに座っておくように指示されました。徐々に上司らしき人や先輩達が出社してきたのですが、隅のテーブルに座っている自分に気がつかないのか、誰も声も掛けてくれません。最初に出社して、このテーブルに座っておくように指示した先輩を遠くから探して見てみたのですが、もう自分のことは忘れてしまったかのように見えます。時計を見ながら、そろそろ始業時間なのにどうしようと思っていると、最後にバタバタ走り込んできた方がいました。その方が席に座った瞬間に始業のベルが鳴り、皆朝礼のために席を立ったのですが、その時に、その最後に走り込んできた先輩が、フッと思い立ったように周囲をキョロキョロ探し出しました。やっと隅にいる自分に気がついたようで、「〇〇君か？なんでそんなところにいるんだよ。早くこっちに来い」と言われ、その先輩の隣の机に荷物を置きました。朝礼で名前を呼ばれ、一言だけ挨拶をし、イスに座りました。キャスターが壊れているのか、キコキコ音が鳴って動きにくく、机を開けてみると、前に使っていた人が残していったのか、書き損じの古びたメモ用紙や錆びたクリップなどが無造作に入っていました。その後、隣のあの先輩から、「俺が君のOJTリーダーだ」と聞かされ、今は忙しいので、打ち合わせテーブルに座って待つように言われ、またあのテーブルに戻りました。10時を回ったくらいにOJTリーダーの方があわただしくテーブルのところにやってこられました。開口一番に言われたのは、「今日からだったんだよな。なにも考えてないんだよね〜。さぁ〜、どうしようかな〜？今日はこれから外出するし…ん〜。まぁ、とりあえず、今日のところは机の整理でもやっていてもらおうかな」というものでした。これから先、自分はどうなるのか不安でいっぱいになりました。

かなり極端な例ではありますが、このA君とB君の配属された職場の雰囲気は十分想像できると思います。そして、OJTリーダーを中心とした職場での受け入れ準備と受け入れ体制が、新入社員のモチベーションに大きく影響することもご

第4章　育成計画作りとOJT指導の実施

理解いただけたと思います。きちんとできているかどうかは、配属初日の朝を見れば一目瞭然でわかるものです。

　受け入れ準備のために必要なリスト「新入社員受入準備チェックシート」を添付していますので、一度確認してみて下さい。皆さんの担当する新入社員をA君にするか、B君するかは、皆様OJTリーダー次第なのです。

3　受け入れ準備と受け入れ

新入社員受入準備チェックシート

新入社員氏名		OJT リーダー	
部署名		作成年月日	年　月　日

	大項目		項目	準備実施担当者	準備完了チェック欄	備考（準備完了日など）
1	指導について	1-1	新入社員育成計画シート		☐	
		1-2	新入社員育成スケジュール表		☐	
		1-3	配属日から1週間の週間予定表		☐	
		1-4	職場のローカルルールの整理 （やるべきこと・やっていはいけないこと）		☐	
		1-5			☐	
2	配属日当日の準備	2-1	朝、鍵を開ける時間・朝一番に出社する人		☐	
		2-2	誰が最初に対応するか		☐	
		2-3	朝礼における紹介のタイミング （朝礼の進行の確認）		☐	
		2-4	朝礼までどこに座ってもらうか		☐	
		2-5	配属日の細かなスケジュール		☐	
		2-6	配属日の昼食はどうするか？ （例えば、上司と食べるなど）		☐	
		2-7	「新入社員育成計画シート」はいつ誰が説明するか		☐	
		2-8			☐	
3	身に付けるもの	3-1	名刺		☐	
		3-2	名札		☐	
		3-3	作業着・制服		☐	
		3-4			☐	
4	備品の準備	4-1	机の準備・机の掃除		☐	
		4-2	ロッカー・靴箱		☐	
		4-3	文房具（筆記用具や電卓）		☐	
		4-4	PC・ドメイン・携帯電話		☐	
		4-5			☐	
5	関係者への連絡	5-1	関係管理職への事前の説明		☐	
		5-2	既存社員への事前の受け入れ説明		☐	
		5-3	配属日早速に指導に当たる人への依頼再確認		☐	
		5-4			☐	
6	その他	6-1	職場メンバーや同じフロアーの他部署への紹介手順		☐	
		6-2	新入社員歓迎会のスケジュール調整		☐	
		6-3	年間スケジュール （会社行事スケジュール・業務スケジュール）		☐	
		6-4			☐	
		6-5			☐	
		6-6			☐	

第4章　育成計画作りとOJT指導の実施

4　目標を設定し、PDCAサイクルを回す

目標設定を行い、PDCAサイクルを回す
OJT指導の進め方そのもので、仕事の進め方の基本を教える

　OJT指導期間は、第1章で説明したように、インプリンティングとしての最も大切な期間です。つまり、仕事を進めるための基本を確実に教え込む時期なのです。

　仕事を進める上での基本の一つに「目標設定」があります。目標を設定し、そこに向かってPDCAサイクルを回すという進め方です。これは、どんな仕事であっても、どんな業務であっても、そしてどんな業種であっても欠かすことのできない基本中の基本です。この大切な基本をOJT指導を通して身に付けさせなければいけません。OJTリーダーがいいかげんな仕事の進め方をしていると、それがそのまま担当新入社員に刷り込まれ、この後彼は苦労する仕事人生を歩むことになるでしょう。彼が大きく伸びるかどうかは、実は最初に誰に指導してもらったかにも大きく左右されるのです。それほどOJTリーダーによる指導の影響が、担当する新入社員の将来に大きく響くことを心に留めなければいけません。

　さて、話しは本題に戻りますが、OJT指導とは、それ自体が「目標設定→計画→実施→ふりかえり（評価）→次の目標（次の行動）」というPDCAのサイクルを回すことに他なりません。OJTリーダーのOJT指導の進め方そのものが、大事な見本になっているのです。

　目標を一言で言えば、「いつの時点で、なにがどう変わっていたら（例えば、今までできなかったことができるようになる等）良いのか、事前に決めておくこと」ということです。具体的に目標を設定する際には次の4つがポイントになります。

```
1. いつまでに（期限）              WHEN
2. 何のために（目的）              WHY
3. 何を（対象）                    WHAT
4. どのレベル（達成レベル）までどうする  HOW MUCH/HOW MANY
```

　この4つのポイントがあってはじめて、「目標」として成立します。例えば、「7月末までに（期限）／期末試験で優を取るために（目的）／英語の単語を（対象）／100個覚える（達成レベル）」というような具合です。

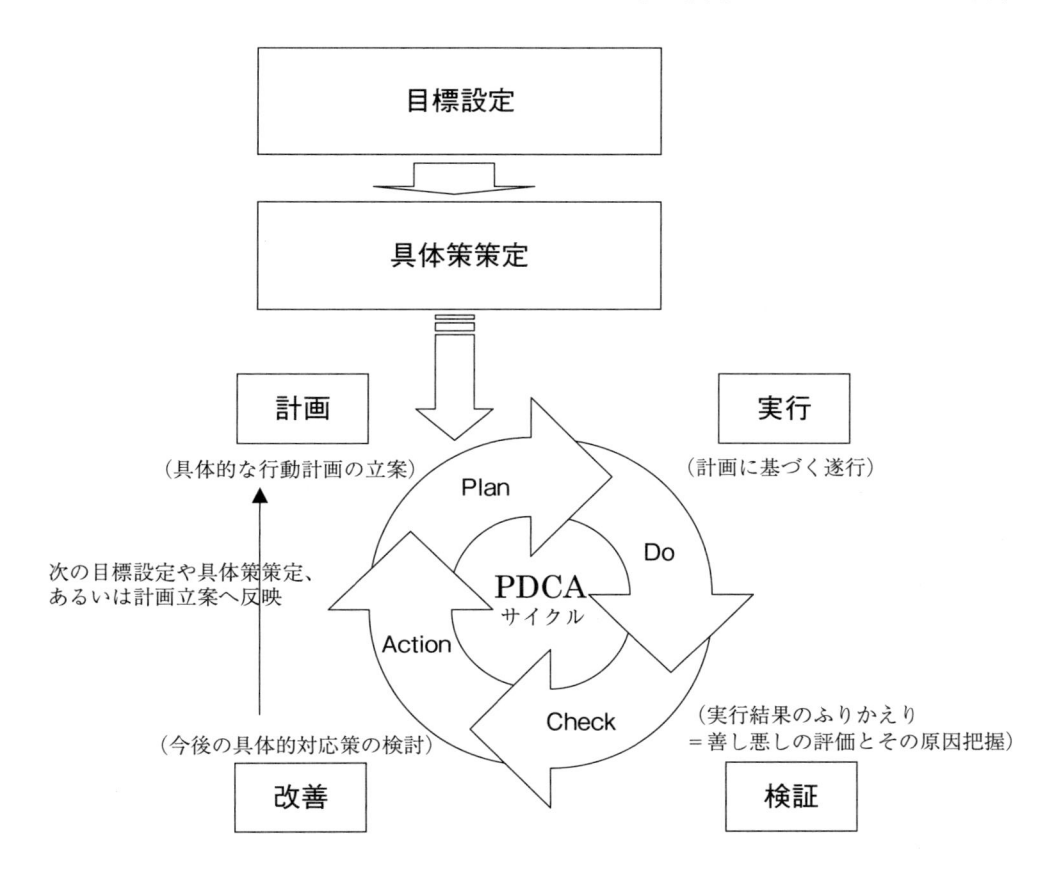

4　目標を設定し、PDCAサイクルを回す

```
        ┌─────────────┐
        │   目標設定    │
        └──────┬──────┘
               ↓
        ┌─────────────┐
        │  具体策策定   │
        └──────┬──────┘
               ↓
┌─────┐                    ┌─────┐
│ 計画 │      Plan          │ 実行 │
└─────┘                    └─────┘
(具体的な行動計画の立案)    (計画に基づく遂行)
          PDCA
          サイクル
       Action    Do
          Check
┌─────┐                    ┌─────┐
│ 改善 │                    │ 検証 │
└─────┘                    └─────┘
(今後の具体的対応策の検討) (実行結果のふりかえり
                          ＝善し悪しの評価とその原因把握)
```

次の目標設定や具体策策定、あるいは計画立案へ反映

　また、目標には、目標を数値で示す「定量目標」と数値以外で示す「定性目標」があります。できる限り定量目標を指向することが必要ですが、目標によっては定性目標にならざるを得ないものもあります。その場合は、「○○には（期限）、△△の場合に□□ができている状態」という表現を用いると目標として成立させやすくなります。

　目標が決まりましたら、その目標を達成させるための具体策に落とし込んでいくことになります。例えば、「7月1日から一人で営業が回れるようになる」という目標が設定されたならば、それができるためには、なにをどのような方法でどのような組合せや順番で教えていったらよいのか、という具体的な育成計画が必要になります。この計画を立案することから「PDCAサイクル」が始まります。

　「PDCAサイクル」とは、別名「マネジメントサイクル」とも呼ばれるもので、仕事を進める際の基本的な流れになります。目標が決まったら、その目標を達成するための具体的な行動を計画し（Plan）、実行し（Do）、結果をふりかえり（Check）、それを次の行動へとつなげていく（Action）流れを、4つの頭文字を取って「PDCAサイクル」と言われます。

第4章　育成計画作りとOJT指導の実施

OJT指導においては、確実にこのサイクルを回していくことが重要です。そのために、OJTリーダーは「新入社員育成計画シート」を作成し、そのシートを元に担当新入社員と共有・実行することにより、PDCAサイクルを回していくことになります。

5 日々の進捗確認とフィードバック

OJTリーダーは常に担当新入社員とコミュニケーションをとる
OJT指導期間中は毎日のミーティングが基本

　前項でPDCAサイクルの大切さを説明しましたが、その実行の際に欠かせないのが、担当新入社員との毎日のミーティングです。
　新入社員に対するOJT指導とは、限られた一定の期間の中で、ある一定の目標水準にまで新入社員を引っ張り上げなければいけないわけですから、日々確実に成長させる必要があります。昨日まで知らなかったことを今日覚え、昨日までできなかったことを今日できるようにならなければいけない毎日の連続でなければいけません。にもかかわらず、新入社員が初めての体験に驚くだけだったり、心を奪われているだけでは、学習密度は薄くなり、成長スピードも遅くなります。つまり、日々の体験を確実に学習へと繋げ、何を学んだのか、そこから学ばなければいけないことは何なのか、そういったことを言語化しなければいけません。言語化するプロセスがあって初めて、今日の体験が今日の学びへとつながっていくのです。そういった言語化のための場が、OJTリーダーとのミーティングなのです。
　従って、学習効果を高めるためにミーティングの場で話し合う大きな項目としては、次の二つが上げられます。

- ・今日はなにをして、そこから学んだことは何か？
- ・明日何を学ぶために、どういった計画になっているか

　この二つがあって初めてPDCAサイクルは回り、新入社員は日々確実な成長を遂げることができるようになります。
　日々忙しいOJTリーダーにとって、自分の業務以外に新入社員との毎日のミーティングはかなりの負担となることでしょう。しかしながら、OJTリーダーの仕事の中で最も大切な仕事が、毎日のミーティングであると言っても過言ではあり

5　日々の進捗確認とフィードバック

ません。

　さらに、ミーティングと並んでOJT指導期間に毎日行わなければいけないことは、新入社員の日報記入とその日報に対するOJTリーダーのコメント記入です。新入社員が書いた日報は毎日OJTリーダーに提出し、OJTリーダーはそこにコメントを記入して戻し、それを毎日交換します。これもミーティングと同じく、学習効果を高めるために行われるものです。現在においても、日報に関しては、PCでの作成ではなく、手書きの方が効果あると言う方も多くいます。

　また、日々のミーティング以外にも、週に一度、そして月に一度の定期的なミーティングの開催も必要です。週末、もしくは週始めに行うミーティングは、週間予定表に基づいて行われます。例えば、金曜日のミーティングの主なテーマとしては、今週の行動計画は遂行できたか、積み残したことはなにか、そして来週の行動計画はどうなっているか、さらには良かった点や反省点なども話し合うことが大切です。

　そして、月に一度は「新入社員育成計画シート」と「新入社員育成スケジュール表」を手元に見ながら、当初の育成目標が計画通りに達成されているか、進め方に問題はなかったかなどを確認・評価を行います。そして、反省点や変更点を確認し、翌月への意欲を新たにします。

　このように、OJTリーダーはコミュニケーション能力をフルに発揮し、育成に努めていきます。次章では、コミュニケーションについて学んでいきたいと思います。

第4章　育成計画作りとOJT指導の実施

> 章末コラム

OJTリーダーのための『ワンポイント　アドバイス』

仕事の報酬は仕事

　「良い仕事をした、その報酬ってなんだと思いますか？」と聞かれたら、OJTリーダーの皆様はなんと答えますか？
　「給与が上がる」「誉めてもらえる」「やり甲斐が生まれる」「うれしい気持ちになれる」「顧客からの信頼を得られる」「良い評価がもらえる」「昇進できる」等々、いろいろな回答があり、もちろんそのどれもが間違いではありません。
　ただ、ここで一つ、大切な回答があることを知ってもらいたいのです。それは、

　「仕事の報酬は仕事」

　つまり、良い仕事をしたら、その報酬として次の仕事がもらえるという考え方です。
　例えば、営業マンの場合を考えてみればよく理解できます。良い仕事をした結果、お客様からリピートをいただくということは、営業マンにとって「次の仕事」そのものですし、あるいは案件の相談をいただく、見積もり依頼をいただく、あるいは紹介をもらえる等々、これらはすべて「次の仕事」につながっていくものです。逆に、やった仕事の品質が悪ければ、当然二度と声を掛けてもらえないことになります。
　このように、「仕事の報酬は次の仕事」なのです。我々は実は、その次の仕事を通してお金をいただき、なによりも自分の成長のキッカケをもらえるのです。つまり、次の仕事という報酬をもらうことによって、難易度の高い仕事を任されたり、あるいは任される仕事の範囲が広がったりします。そして、これらはすべて自分自身の成長の源になるのです。
　上司から仕事を依頼された際に、間違っても、「また私ですか？なんで私がそれをしなければいけないんですか？」などというような、残念な返答が出ることがないように、OJTリーダーの皆様には、「良い仕事をした報酬は、次の仕事。そして、その仕事を通して成長できる」という考え方を、OJT指導期間中に新入社員へ教えてもらいたいと切に願います。

第5章

新入社員との信頼関係を構築するコミュニケーション

1　二つのコミュニケーション

コミュニケーションには
言葉によるコミュニケーションと言葉によらないコミュニケーションがある
非言語的なコミュニケーションにも気を配ることが大切

　コミュニケーションというと、話すとか聞くとか言語的なメッセージ交換がまず先に思い浮かびますが、相互の意志疎通がコミュニケーションであることを考えれば、言葉以外によってもお互いのメッセージ交換ができることは、容易に理解できます。つまり、言葉によるコミュニケーションだけがコミュニケーションではないのです。
　例えば、相手の目をやさしく見ながら話しをすれば、「あなたを否定せず、私はあなたを大切に思っています」「私はあなたに注目していますよ」というメッセージが相手に伝わりますし、目線をそらして硬い表情で話しを聞いている態度からは、「私にはあなたを受け入れる気持ちはありません」というように、相手には伝わることでしょう。
　このように、言葉によらないコミュニケーションも我々の日常の中で普通に存在し、対人関係に対して、良くも悪くも影響を及ぼしています。
　コミュニケーションには、大きく分けて次の二つのコミュニケーションがあります。

第5章　新入社員との信頼関係を構築するコミュニケーション

```
                    ┌─ バーバルコミュニケーション
                    │   （言葉によるコミュニケーション）
  コミュニケーション ─┤
                    │
                    └─ ノンバーバルコミュニケーション
                        （言葉によらないコミュニケーション）
```

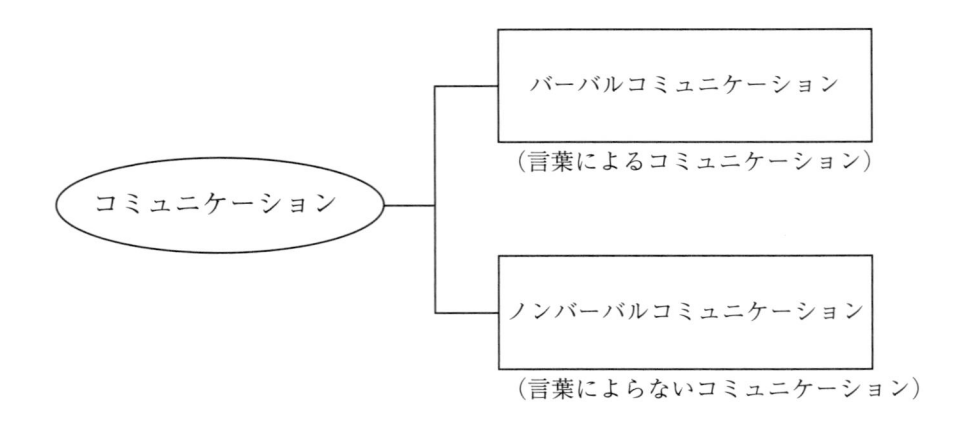

　言葉によるコミュニケーションにおいては、我々は事前に十分練って、さらにはその言葉を発した場合の影響の広がりと深さを考えた上で、言葉を選びながら発することが多いものですが、言葉以外のコミュニケーションであるノンバーバルコミュニケーションに関しては、得てして無防備なまま発してしまっている場合が多いものです。誰しも、後になって、自分が何気なく取った態度が誤解を受けていたことに気付いた経験をしたことがあると思いますが、それがまさにノンバーバルコミュニケーションの結果に他なりません。

　なぜこのようなことが起きるのか、考えてみましょう。言葉によるコミュニケーションはいくらでもコントロールが効きますので、情報を受け取る側からすれば、発信側からの言葉というのは事前に操作されたものであるかもしれないため、むしろ言葉によらないコミュニケーションから発信側の本音を探ろうとするものです。従って、非言語によるコミュニケーションの方が、相手の感情をどう受け止めて、そして相手をどう判断するかに対する影響が大きい場合が出てくるのです。

　従って、
　・コミュニケーションでの意思疎通は、言語以外の表情・態度・行動でも行われている
　・つまり、相手の話しを聴くときは「言葉」だけを聴いているわけではない
　・従って、コミュニケーションをとる場合、言葉の内容もさることながら、非言語部分で判断される割合も高い
　ということを意識しておく必要があります。

　例えば、新入社員に対して気軽な雰囲気の中で話しをしようとした場合、OJTリーダーが硬い表情をしていては、言葉でいくら「楽にしていいよ」と言っても、新入社員が心をオープンにすることはまずないでしょう。

新入社員との信頼関係を構築し、学習意欲を向上させ、仕事に取り組む姿勢を前向きに喚起させなければいけないOJTリーダーの皆様にとって、自分の何気ないノンバーバルコミュニケーションが新入社員へ予期せぬメッセージとして伝わり、大きく影響することを知っておかなければいけません。人は非言語情報（non-verbal communication）で判断する部分もあるということを、常に心に留めておく必要があります。

2　コミュニケーションはまずは自己理解から

自分は周囲へどんな影響を出しているのか
コミュニケーションのスタートは自己理解から始まる

　前項においてコミュニケーションには、言葉によるバーバルコミュニケーションと言葉によらないノンバーバルコミュニケーションの二つがあることを理解してもらいました。我々は、自分で意図しない影響が周りへ発揮されてしまってい

第5章 新入社員との信頼関係を構築するコミュニケーション

ることに気付かないことも多く、その原因として上げられるのは、普段からノンバーバルコミュニケーションを意識していないということを取り上げて説明しました。

とは言え、ノンバーバルなコミュニケーションを理解したとしても、自分で自分の持つ対人関係のクセに気付かないまま、無意識的にコミュニケーションを取ってしまい、それが非生産的な対人関係を招いてしまっている場合もあります。つまり、自己理解が不足していることが原因と言えます。

本項においては、「コミュニケーションの出発点は自己理解にある」という視点から、自己理解を進めるための一つの方法として、TAを紐解きながら説明していきます。

TAとは交流分析とも呼ばれる、E・バーン博士によって開発された人間行動に関する理論と手法です。心理学には難解なものが多くある中で、最も平易で親しみやすく、しかも応用範囲の広い心理学として知られています。このTA理論では、誰しも自分の中に「3つの私」を持っており、その出方によって「今ここ」の自分を知ることができるとしています。これを「自我状態」と呼びます。

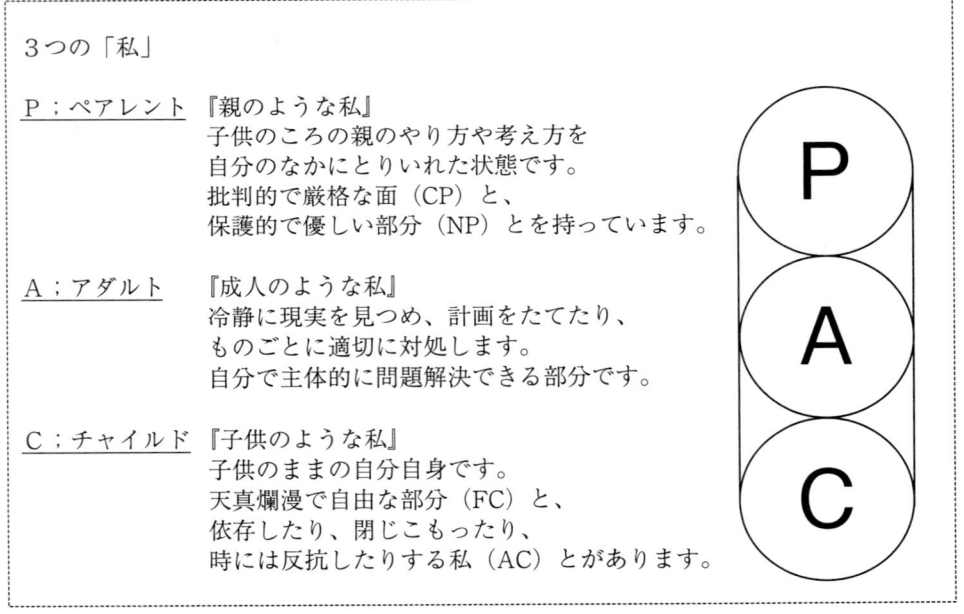

3つの「私」

P：ペアレント　　『親のような私』
　　　　　　　　　子供のころの親のやり方や考え方を
　　　　　　　　　自分のなかにとりいれた状態です。
　　　　　　　　　批判的で厳格な面（CP）と、
　　　　　　　　　保護的で優しい部分（NP）とを持っています。

A：アダルト　　　『成人のような私』
　　　　　　　　　冷静に現実を見つめ、計画をたてたり、
　　　　　　　　　ものごとに適切に対処します。
　　　　　　　　　自分で主体的に問題解決できる部分です。

C：チャイルド　　『子供のような私』
　　　　　　　　　子供のままの自分自身です。
　　　　　　　　　天真爛漫で自由な部分（FC）と、
　　　　　　　　　依存したり、閉じこもったり、
　　　　　　　　　時には反抗したりする私（AC）とがあります。

（社会産業教育研究所　提供資料）

このTA理論における自我状態を分析し、自己を知る手がかりとして『エゴグラム』という分析手法があります。添付しているチェックリストを通じて、「今こ

こ」における自分の自我状態を把握することができます。エゴグラムによる自我状態分析は、自分で気付いていない自分自身の感じ方や行動で改善を要するところを気が付かせてくれます。そして、自分がより良い方向へ変わる糸口を与えてくれることでしょう。

エゴグラム記入例

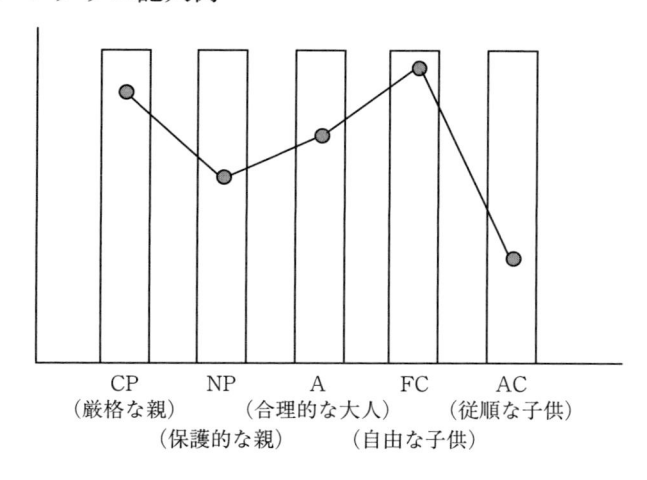

CP　　　NP　　　A　　　FC　　　AC
（厳格な親）　　　　（合理的な大人）　　　（従順な子供）
　　　（保護的な親）　　　　（自由な子供）

第5章　新入社員との信頼関係を構築するコミュニケーション

エゴグラム

氏名　　　　　年令　　　　男・女　　（　　年　　月　　日記入）

答えを右の中から選んで数字（3、2、1、0）を
あいている欄に記入して下さい。
あまり深く考えずに、気楽にやって下さい。

はい｛ いつも……3
　　　 しばしば……2
　　　 ときどき……1
いいえ（めったにない）0

1	動作がきびきびしていて能率的である
2	あけっぴろげで自由である
3	相手をみくだす
4	周囲の人にうまく合わせていく
5	伝統を大切にする
6	相手の長所によく気がつき、ほめてやる
7	相手の話にはよく共感する
8	現実をよくみて判断する
9	感情をすぐ顔にあらわす
10	物事に批判的である
11	遠慮深く、消極的な気持ちが強い
12	思いやりの気持ちが強い
13	イヤな事は理屈をつけて後まわしにする
14	責任感を大切にする
15	まっすぐな姿勢で相手の顔を見ながら話す
16	不平不満がたくさんある
17	人の世話をよくする
18	相手の顔色をうかがう
19	「なぜ」「どのように」という言い方をする
20	道徳的である
21	物事の判断が正確である
22	「わぁ」「へぇ」などと驚きをあらわす
23	相手の失敗や欠点をきびしい
24	料理、洗濯、掃除などを積極的にする
25	思っていることを口にださせたらである
26	上手にいわげをする
27	「……するべき」という言い方をする
28	じっとおとなしくしているのが苦手である
29	規則を守しく守る
30	わりあい人あつかいがうまい
31	相手に喜んでもらえるように努力する
32	言いたいことを遠慮なく言う
33	いろいろな情報（事情）を集めてよく考える
34	わがままである
35	「すみません」「ごめんなさい」を言う
36	自分の感情をまじえないで判断する
37	好奇心が強い
38	まわりを気にしない
39	理想をもとめていく
40	実行する前にしっかり計画をたてる
41	会話では感情的にならない
42	こまっている人をみたらなぐさめてやる
43	世のため人のためには労を惜しまない
44	筋の通らないことは許さない
45	理想を大切にきめる
46	融通（ゆうづう）がきく
47	欲しいものはあくまでほしがる
48	相手の失敗を素直に許してやる
49	誰とでもよく話す
50	たのまれたらついやってあげてしまう

	CP	NP	A	FC	AC

```
30
28
26
24
22
20
18
16
14
12
10
 8
 6
 4
 2
 0
    CP              NP               A       FC            AC
CRITICAL PARENT  NURTURING PARENT  ADULT  FREE CHILD  ADAPTED CHILD
 批判的ペアレント   保護的ペアレント   成人   自由のチャイルド  順応のチャイルド
```

（社会産業教育研究所　提供資料）

64

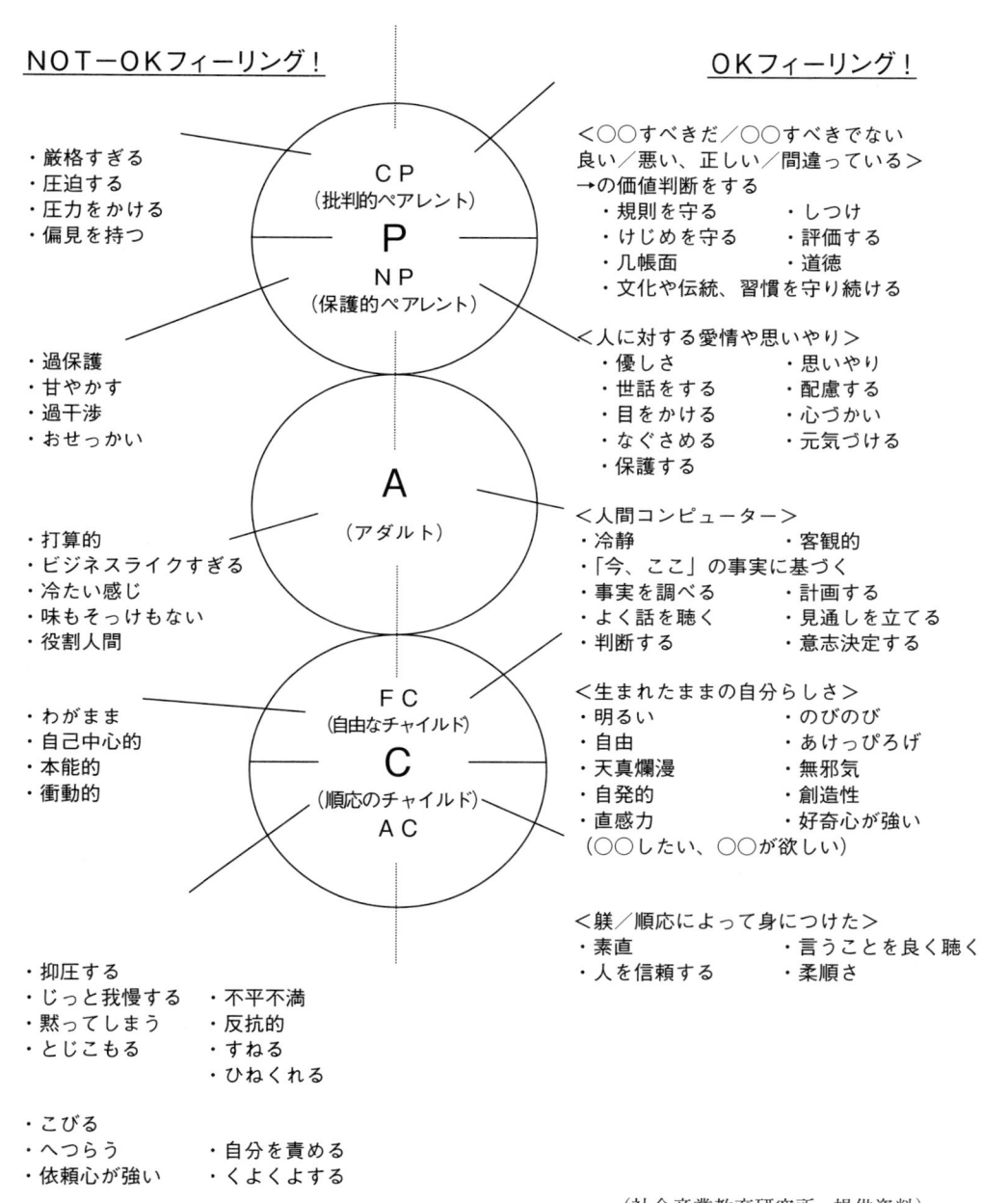

2 コミュニケーションはまずは自己理解から

パーソナリティの成り立ち

NOT－OKフィーリング！　　　　　　　　　　　　　　　**OKフィーリング！**

（円図：上からP（CP 批判的ペアレント／NP 保護的ペアレント）、A（アダルト）、C（FC 自由なチャイルド／AC 順応のチャイルド））

【CP側（左）】
・厳格すぎる
・圧迫する
・圧力をかける
・偏見を持つ

【CP側（右）】
＜○○すべきだ／○○すべきでない　良い／悪い、正しい／間違っている＞
→の価値判断をする
・規則を守る　　・しつけ
・けじめを守る　・評価する
・几帳面　　　　・道徳
・文化や伝統、習慣を守り続ける

【NP側（左）】
・過保護
・甘やかす
・過干渉
・おせっかい

【NP側（右）】
＜人に対する愛情や思いやり＞
・優しさ　　・思いやり
・世話をする・配慮する
・目をかける・心づかい
・なぐさめる・元気づける
・保護する

【A側（左）】
・打算的
・ビジネスライクすぎる
・冷たい感じ
・味もそっけもない
・役割人間

【A側（右）】
＜人間コンピューター＞
・冷静　　　　・客観的
・「今、ここ」の事実に基づく
・事実を調べる・計画する
・よく話を聴く・見通しを立てる
・判断する　　・意志決定する

【FC側（左）】
・わがまま
・自己中心的
・本能的
・衝動的

【FC側（右）】
＜生まれたままの自分らしさ＞
・明るい　　・のびのび
・自由　　　・あけっぴろげ
・天真爛漫　・無邪気
・自発的　　・創造性
・直感力　　・好奇心が強い
（○○したい、○○が欲しい）

【AC側（左）】
・抑圧する
・じっと我慢する　・不平不満
・黙ってしまう　　・反抗的
・とじこもる　　　・すねる
　　　　　　　　　・ひねくれる

・こびる
・へつらう
・依頼心が強い　・自分を責める
　　　　　　　　・くよくよする

【AC側（右）】
＜躾／順応によって身につけた＞
・素直　　　　・言うことを良く聴く
・人を信頼する・柔順さ

（社会産業教育研究所　提供資料）

第5章　新入社員との信頼関係を構築するコミュニケーション

3　対人関係における基本的な構えを知る

自分と他人の心理的ポジションを理解し
健全な対人関係づくりを行う

　コミュニケーションを取る前提として、我々がどういったスタンスで自分自身に対して、そして他者に対して臨んでいるかという態度があります。これを「対人関係の基本的構え」と言い、下記の4つの心理的ポジションで説明することができます。

　　(1) I'm OK, You're OK　　　自他肯定
　　(2) I'm NOT OK, You're OK　　　自己否定・他者肯定
　　(3) I'm OK, You're NOT OK　　　自己肯定・他者否定
　　(3) I'm NOT OK, You're NOT OK　　　自他否定

　(1)の態度は、「私はOKだ　あなたもOKだ」という構えにあり、心が健全な状態にある時の態度です。つまり、「自分も認め、他者も認める」というようなスタンスですので、当然周囲とうまくやっていける基本的な態度を持っています。自分自身をも、そして他者をも肯定的に受容できる自我状態にあり、他人ともうまくやれる心理状態にあります。
　(2)の態度は、「私はOKでない　あなたはOKだ」という構えにあり、いわば、「そこから逃げていくポジション」と言えます。劣等感を感じている時の心の状態で、他人や問題や決定から逃げ回りますので、そのままではますます非生産的な状態になっていく心理状態にあります。
　(3)の態度は、「私はOKだ　あなたはOKでない」という構えにあり、「相手をやっつけ、排除するポジション」にいます。一見すると相手を非難しているのですが、実は自分の中に「私はOKでない」という気持ちもあり、それを隠していることが多いものです。
　(4)の態度は、「私はOKでない　あなたもOKでない」という構えにあり、「行き詰まってしまい、どうしようもなくなっているポジション」にいます。無力感の真っ直中にいますので、ネクラな状態になっており、他人から好かれる状態からはほど遠いところにいます。

3 対人関係における基本的な構え方を知る

私たちは誰しもこの4つの心理的ポジションを持っており、実は毎日朝から晩までこの4つの心理的ポジションを行ったり来たり、行きつ戻りつしているのです。

相手の人をイイなぁと感じている度合
相手の人を正しいと思っている度合
You are OK

私は NOT OK あなたは OK 『そこから逃げてゆく ポジション』 そこから逃げ出していく態度	私もあなたもOK 『健全なポジション』 人とうまくやっていく態度
私もあなたも NOT OK 『どうしようもない ポジション』 行き詰まって どうしようもないという態度	私は OK あなたは NOT OK 『人を排除する ポジション』 人をやっつけて 追い払ってしまう態度

I am not OK （左）　　　I am OK（右）

自分をいつも間違っていると思う度合
自分をダメ・イヤダなぁと感じている度合

自分をいつも正しいと思う度合
自分をイイなぁと感じている度合

You are NOT OK
相手の人をダメ・イヤダなぁと感じている度合
相手の人を間違っていると思う度合

第5章　新入社員との信頼関係を構築するコミュニケーション

　例えば、朝OJTリーダーから昨日の仕事振りを誉められた新人はすぐに「I'm OK, You're OK」の状態になり、その後伝票の書き方が間違っていると総務に叱られ「I'm NOT OK, You're OK」になり、そうかと思えば、同期のメンバーが昼食を一緒にとろうという約束を忘れていたことに対して「I'm OK, You're NOT OK」になって怒り、昨日の日報の記載の表現が不足していたため、課長が誤解して不機嫌になってしまい「I'm NOT OK, You're NOT OK」になってやる気を失い、そうこうしている時に、先輩から温かい言葉をかけられて「I'm OK, You're OK」となって元気印が復活し、というように、心は常に揺れ動いているのです。

　そして、この4つのポジションのどこにいるのかによって、他者との関係を良くも悪くも変化させ、導きます。つまり、OJTリーダーである皆様の心理態度如何によって、担当の新入社員は大きく影響を受けることになり、また同時に担当の新入社員も常にこの中のどれかのポジションにいることになります。そして、その態度は常に変化しています。

　従って、対人関係を良くするためには、まずは自分には、どこのポジションに陥りがちな傾向があるかを把握し、いつも自他肯定の態度で周囲と接することができるように心がけること、そして、他者が今どんなポジションにいるのかを把握し、その人が置かれた状況や感情を理解することが大切になります。

　OJTリーダーの皆様が「自他肯定」のポジションを維持するためには、下記の2つがポイントになります。
1．Aの自我状態を高め、「今ここ」の事実に基づいた対応を心がける
2．自分と他者にストローク（第6章に記載）を出そうという姿勢を意識する

4　他者理解により生産的なコミュニケーションを維持する

相手の自我状態を把握し
好ましくないやりとりが行われていれば改善に努める

　第1項では、自己理解のためにエゴグラムという自我状態分析を行いましょう、ということで説明してきました。ここ第4項では、PACを使って自分のことを考えるだけでなく、どのような構図でコミュニケーションが行われているのかということについても、PACを使って考えていくことにします。

　二人の人間がコミュニケーションをとっている場面を思い浮かべて下さい。PACがあるのは実は自分だけではなく、同時に相手にもPACがあることになり

4 他者理解により生産的なコミュニケーションを維持する

ます。つまり、PACを持った一人の人間とPACを持ったもう一人の人間がやりとりを行い、この構造の中で相互に影響を及ぼし合っているというのがコミュニケーションに他なりません。

一方、コミュニケーションというのは、一つひとつのやりとりの重なり合いで進められ、かつ発した言葉も直後に一瞬ですぐに消えてしまうため、なかなか視覚的にとらえ理解することが難しいのです。このように構造的に把握しにくいコミュニケーションですが、それをPACで図示することにより、視覚的に把握することができます。

例えば、担当する新入社員が、発生したある事態に対して、教えられたことと異なる処理をしたとします。この時に、CPの自我状態の高いOJTリーダーであるならば、いきなり「君、だめじゃないか！」と大きな声を発するかもしれませんし、Aの高いOJTリーダーであるならば、「その処理について少し聞きたいことがあるのですが、よろしいですか」と冷静に聞いてくるかもしれません。

CPの自我状態は相手のACをフックする（自我状態を高める）傾向があり、ま

	OJTリーダーの自我状態がCP	OJTリーダーの自我状態がA
具体的なやりとり	①君、だめじゃないか！ ②えっ、なにか間違っていたのでしょうか？ ③間違ったから言っているんだ！それくらいのこともわからないのか。 ④すいません。てっきりこの対応で良いと思っていました。 ⑤先日教えたばかりじゃないか。何を聞いているんだ。 ⑥すいません。すぐにやり直します。	①その処理について少し聞きたいことがあるのですが、よろしいですか？ ②はい、なにか間違っていたのでしょうか？ ③なぜそのように対応したのか教えてもらえますか？ ④はい。先日教えていただいた通りの対応を行いました。 ⑤先日教えことと今回の事態は前提が違っています。今回のような事態の場合は、なにが必要だと思いますか？ ⑥確かにおっしゃるように、前提が少し違うことがわかりました。どう対応する必要があったのか検討し、ご報告致します。
やりとりの視覚化	OJTリーダーのP→新入社員のC（①③⑤）、新入社員のC→OJTリーダーのP（②④⑥）	OJTリーダーのA↔新入社員のA（①③⑤／②④⑥）

第5章　新入社員との信頼関係を構築するコミュニケーション

たACはCPをフックします。また、Aの自我状態は相手のAをフックします。このような相互に影響力を発揮しながらコミュニケーションは続きます。これが、やりとりの構造です。

　この後に続く二通りのやりとりを想定し、そのやりとりを視覚化してみると前図のようになります。

　この二通りのやりとりについて、言葉だけを見ている限りは、さして大きな違いはないように感じられますが、やりとりの構造をPACで視覚的に記載してみると、実はまったく異なるコミュニケーションが行われていることに気がつきます。

　このコミュニケーションにおけるポイントは3つあります。

1．仕事を進める際の理想的なやりとりとは？
　現実的な問題解決を行う自我状態は、Aの自我状態になります。また、目標を設定し、計画に落とし込んでいくのもAになります。従って、AとAのやりとりで進める右側の方が、仕事をする際の理想的なやりとりと言えます。すなわち、「AとAのやりとり」が、ビジネス上における生産的なコミュニケーションであると言えます。

2．左側の会話はいつまで続くのか？この二人の関係は、今後はどういった立ち位置になるのか？
　左側のやりとりですが、このままお互いがCPとACの自我状態のまま変わらないだろうということがわかります。なぜなら、OJTリーダーがCPの自我状態でいる限り、新入社員はそれにフックされてしまい、ACに固定されてしまうことになります。これを「固着化」と言います。新入社員がACに固着していては、

事実に基づいて計画的に仕事を進めていくAの部分が育ちにくくなります。また、「I'm NOT OK」状態ですので、前向きな姿勢になることも難しいでしょう。
　このままのやりとりでは、非生産的なコミュニケーションのまま続くことになってしまいます。

3．非生産的なコミュニケーションから脱するにはどうしたらよいか？
　どの自我状態がどの自我状態を反応させやすい（フックする）か、という見方があり、それを「対人反応」と言います。この対人反応という見方に立つと、相手の自我状態をつかめば、自分の自我状態がわかるということになります。つまり、相手の自我状態を理解し、その自我状態をフックしているのは自分ではないかという視点を持って、自分を見ることができます。従って、今の非生産的なコミュニケーションの原因が自分にあるのであれば、まず先に自分の自我状態を改善することが必要です。この場合は、相手のAをフックできるのは自分のAしかないわけですから、自分が先にAになり、その影響を受けた相手がAになる、という順番になります。

　このように、OJTリーダーは、生産的なコミュニケーションを維持していくために、担当する新入社員の自我状態を理解し、新入社員をその自我状態にしているのは実は自分ではないのか、という視点を意識することが大切です。

5　アクティブリスニングで心を聴く

**単に言葉だけを聞くのではなく、感情も受け止め
新入社員が自分で気づき、成長するために「聴く」**

　私たちは、「人とコミュニケーションを上手にとる」ということを思うときには、たいていは自分がどう話すかとか、どう説得するとか、いわば発信する方に目が行ってしまいます。このように、コミュニケーションとは、話すこと、発信することだけなのでしょうか？
　実は、「きく」ことも大切なコミュニケーションなのです。特に、OJTリーダーを遂行する上でポイントとなる二つのコミュニケーション、すなわち、「新入社員との信頼関係を構築するためのコミュニケーション」、並びに「新入社員を成長させるためのコミュニケーション」の二つを推進するためには、「きく」ことは避け

第5章　新入社員との信頼関係を構築するコミュニケーション

て通ることはできません。
　この「きく」ということですが、実は3通りの「きく」があることはご存じでしょうか？

3つの「きく」	聞く（here）	「耳で音を聞く」「音が聞こえる」といった、受動的なきき方を言います。単に、音が耳に入る、と言ったきき方。
	訊く （ask または question）	「口できく」「訊問」「こちらがききたいことを訊ねる」、あるいは「問いただす」といったきき方を言う。話し手は、きき手に主導権を握られながら、きき手がききたいことを話させられる、といった感じになる。相手のためではなく、自分のためにきいている状態。
	聴く（listen）	耳で聞いたことを、心で受け止めるきき方。話し手の言っていること言葉自体の意味と、言葉の底に流れる気持ちの両方を聴く。きき手がききたいことではなく、話し手が何を言おうとしているのかをきちんと受け止めるようとする能動的なきき方。単に話された事柄だけではなく、話されなかったこと、保留されていること、表面下に隠れていることをもきこうと努力すること。

　この3つの「きく」の中で、普段あまり意識されないのは、「聴く」ということでしょう。「心で聴く」という「きき方」です。この「聴く」の積極的な活用を提唱したのが、臨床心理学の権威、アメリカのカール・ロジャースで、彼が、人の成長を促すものとして提示したのが、「アクティブリスニング（積極的傾聴）」という手法です。
　人は相手に真剣に耳を傾けられると、正確に表現しようとします。それにより、自分の言っていることを注意深く考え、さらには、自分の考えていること、感じていることを正確につかもうと努力します。聴いてもらうことにより、自分を直視するわけです。これにより3つの効果が表れます。
　誰しも、人に話を聴いてもらってスッキリしたという経験を持っていると思います。これが一つ目の効果「カタルシス（感情浄化）」です。
　また、こんな経験はありませんか？人にものを聞こうとして、逆に相手から「なにを聞きたいのか、もう少し詳しく説明して」と言われ、一所懸命に聞きたいことを説明しているうちに、いきなり解答がひらめいて、「あっ、わかったから、もういい」といったような経験です。実はこれが二つ目の効果です。他人から聞いてもらい、それに答えようと心の中で自分と対話することにより、我々は「気づき」を得ることができます。
　この効果を最も有効に活かすことができる場面としては、新しい価値観を教えたり、新しい考え方を理解してもらう時です。価値観や考え方は、一方的に教示すると反感を買ったり、受け入れてもらえないだけでなく、さらに相手を意固地にしてしまったりします。このような場面では、質問を効果的に使い、「聴く」こ

とにより、自分で気付かせるように持っていくアクティブリスニングという手法がとても有効です。

　そして、気づきを得ることによって起こる内面的な変化がもたらす自己成長と行動変容が3つ目に上げられる効果です。新入社員に対して確実な行動変容をもたらすために、アクティブリスニングという手法を是非活用してみて下さい。

　さらに、アクティブリスニングの効果は、聴かれて話す"話し手"だけに留まるものではなく、実は"聴き手"の成長をも促すことにつながるのです。"話し手"に対して質問し、"話し手"の話しを一所懸命に聴いている内に、"聴き手"も多くの気づきを得ることができるのです。

　つまり、アクティブリスニングを進めることにより、話し手と聴き手の双方に対して、考え方や態度、あるいは価値観にまで変化をもたらすことができるのです。

　このように「きく」ことの目的には、単に「聞く」とか「訊く」だけに留まらず、相手の成長を促すために積極的に「聴く」という「きく」もあるのです。コミュニケーションの幅を広げるためにも、この「聴く」を積極的に活用していきたいものです。

第5章 新入社員との信頼関係を構築するコミュニケーション

> 章末コラム

OJTリーダーのための『ワンポイント　アドバイス』

成長を実感させる「ふりかえり」と「気づき」

　社会人と学生の違いはなんだと思いますか？
　違う点はたくさんありますが、最も大きな違いは、お金をもらう側か、お金を支払う側かという違いです。
　学生はお金を支払う側ですから、当然に教えてもらえる環境を提供してもらえるわけで、いわばお客様です。ところが、社会人になるということは、学生と逆の立場になり、お金をもらう側になるわけです。つまり、社会人となったからには、会社で教えてもらえるという発想はそもそもが間違いであって、会社では自分の力を発揮することが責務となるのです。学生は in put が仕事、社会人は out put が仕事ということです。従って、「会社が教えてくれないから、わからないです」というような考えは、本来であるならば思い違いも甚だしい、甘い考えと言わざるを得ないのです。
　とは言っても、社会人となった後でも、どんどん学び、成長していかなければいけません。
　では、社会人となったら、どこでどのように学んでいったらよいのでしょうか？
　その答えを紐解く鍵は、「現場」です。つまり、仕事の現場から学ぶことができるかどうかによって、成長スピードが大きく変わってくるのです。
　現場から学ぶためには、「ふりかえり」をしっかりすることがポイントです。つまり、「ふりかえり」が深いということは、現場における経験から自律的に学ぶことができることを意味しています。従って、「成長力の源泉」とも言えます。
　つらい現場での日々も、それが自分の成長につながっていると実感できるのであれば、決してモチベーションを失うことはないでしょう。なぜなら、仕事の現場は、「辛いだけのもの」ではなく、「自分を鍛え、成長させてくれるもの」になるからです。従って、現場から自律的に学ぶことができるかできないかが、仕事環境に対する受け止め方を大きく左右します。
　つまり、経験から学ぶことができなければ、会社や上司等の環境を単なる自分に対してしんどいことを強要する存在として認識され、被害者意識が生まれてきます。

逆に、現場から「気づき」を得ることのできる人は、置かれている環境の中で成長できている自分を実感できるわけですから、会社や上司に対して感謝をすることになります。

現場で同じ仕事をしていても、当人の受け止め方次第で、上司、先輩との関係において「被害者意識」を持つか、あるいは「感謝の念」を持つか、というように大きく違ってくるわけです。

このように大切な「気づきを得る力」を養うのが、上司とのコミュニケーションです。上司のNPやAの自我状態で環境を整え、上司が投げかける質問と上司の「聴く」姿勢から、新入社員が気づきを得るように持っていくのです。OJTリーダーの皆様には、是非「聞き上手」になっていただきたいと切に願います。

第6章

やる気を出させ、モチベーションを高める

1 なんのために仕事をするのか

人を行動に駆り立てる背景には、なんらかの「欲求」がある
なんのために働くのかという原点を考える

　「なんのために仕事をするのか？」という哲学的な問いについて、OJTリーダーの皆様は、一度は担当する新入社員と話す機会が訪れることでしょう。もちろん、公式な話し合いの場というよりは、何気ない会話の中でフッと出てくることが多いと思います。この問いは避けては通れないものですので、OJTリーダーの皆様は自分なりの考えをまとめ、持っておく必要があります。
　筆者も企業研修の場で、「今行っている仕事は、自分にとってどんな意味を持ちますか？」というような質問を投げかけることがあります。返ってくる答えにはいろいろあります。「生活のため」「お金を得るため」というものから、「家族を守るため」「会社の仲間のため」あるいは、「知識と経験を得る場所」、「スキルアップ」、「自分の成長のキッカケ」「自己満足」「生き甲斐を得るため」、そして「顧客からの信頼を得るため」「社会への貢献」等々、人によっていろいろ出てきます。これらはすべて、仕事という行動を起こさせている源、すなわち「欲求」になります。
　個別にいろんな言葉で表現される、これらの「欲求」を5つに分類し、構造的にまとめたものがマズローの「欲求段階説」と言われるものです。マズローは我々の持つ「欲求」を5つに分けて考えました。

```
        自己実現の欲求
       ─────────────
       自我・自尊の欲求
     ─────────────────
       集団帰属の欲求
   ─────────────────────
       安全・安定の欲求
 ─────────────────────────
         生理的欲求
```

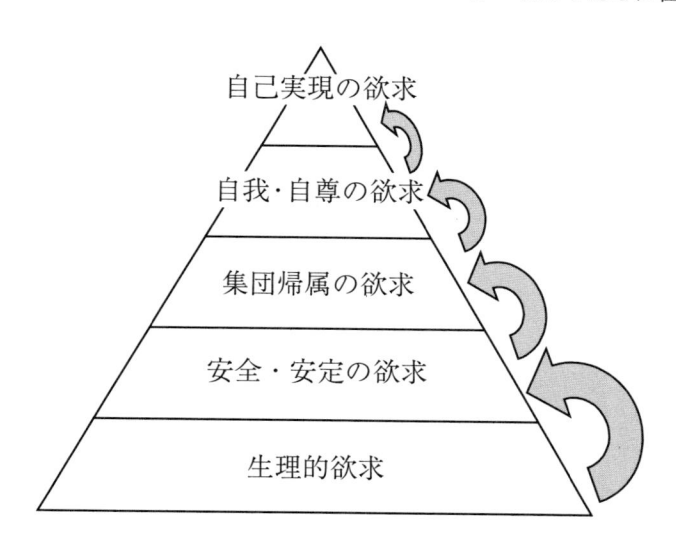

　マズローは、欲求を5つに分類した上で、低位な欲求が充足されると次の高位な欲求が目覚めてくるとしました。とはいえ、現実的には複数の欲求が同時に存在していることがほとんどであり、段階的なものとは必ずしも言えません。とはいえ、「欲求」を5つのカテゴリーに分類して考えるということは、我々が仕事の意味を考える際に有効な視点を提供してくれます。

　最も低位に位置する「生理的欲求」とは、食欲とか睡眠欲などのように、生物学的に生存していくための欲求ですので、今回のテーマである「なんのために仕事をするのか？」ということから考えてみれば、「生きていくために仕事をする」「喰っていくために仕事をする」ということになります。

　次の「安全・安定の欲求」とは、ただ単に生き延びるだけではなく、安定的に安全に生きていきたいという欲求です。例えば、クビになりたくない、給与を下げられたくない、というような欲求で、「より安定して生活していくためにも、仕事をきちんとする」という段階です。

　そしてさらに安心して生きていくためには、外部環境の変化にさらされる不安定な状況だけは回避したいという欲求が生まれます。そのために、自分一人で生きていくのではなく、集団に所属し、より安定した生活を維持したいというのが「集団帰属の欲求」です。安全を長く維持するためには、形式的に集団に所属するだけでなく、組織の中で良好な関係を構築し、その組織に帰属し一員として認められたいという欲求です。例えば、「会社やみんなのために頑張り、メンバーとして受け入れてもらいたい」「皆から仲間として受け入れてもらえるために仕事を一所懸命にする」というようなものなるでしょう。組織内で自分の居場所を確保するために、与えられた責務を果たすというようなスタンスです。これら三つ

第6章　やる気を出させ、モチベーションを高める

の欲求は、我々が普通に生きていくための基本的な欲求になります。

　四つ目の欲求「自我・自尊の欲求」とは、その所属する集団の中で認められたい、評価されたい、より尊敬を受けたいという欲求です。例えば、「なぜそんなに仕事を頑張るのか」という質問に対して、返ってくる回答としてよく見ることができます。自分の存在価値を高め、人の役に立ち、感謝されたい・称賛されたいという欲求です。そして、さらにその上にあるのが、最高位の欲求である「自己実現の欲求」です。

　「自己実現の欲求」とは、自分の能力をさらに発揮させたいという欲求、潜在的に持っている力を発掘して顕在化させ、自分の可能性を広げていきたいという欲求のことです。いわば、自分の人生を充実させ、生まれてきた意味を高く持ちたいと願うことです。「役に立つ力をさらにつけて社会に貢献したい」「さらに成長して、自分の力を発揮したい」「精一杯努力し続け、少しずつでもいいので自分の能力が開発されていくことで喜びを感じたい」というような欲求から仕事に取り組んでいる状態です。いわば、仕事を自己成長のステージと位置付け、さらには、自分が生きている意味を自分で納得できるようになりたいという欲求です。

　このように「なんのために我々は仕事をするのか」という原点を深く考え、自分としての考え方をまとめておくことが、OJTリーダーの皆様には必要です。なぜなら、そこの説明をなくして新入社員のやる気を高め、モチベーションを維持することは難しくなるからです。新入社員が、社会人になりたてのうちに、正しい仕事観を養うことができるようにするのもOJTリーダーの大切な役割です。

2　目的を示し、目標意識を持たせる

業務として指示を出すだけなら単なる「作業」として受け止める
「目的」と「目標」を与えれば、自分で工夫し考えるようになる

　例えばある業務を新入社員に指示するのに、下記の二つの仕方が考えられます。

　(A)この資料の中から、当社製品Xについて記載された内容を抜き出して、今日中にまとめるように。
　(B)今日、君にやってもらう業務について説明をします。当社製品Xについて情報をまとめてもらいたいのです。製品Xが当社の主力製品であることは君も知っていると思うけど、この後継機について検討を進めている。ついては、過去に、製品Xについて顧客からどのような改善要望があり、問題指摘があり、あるいはクレームがあったかについて、内容をまとめる必要がある。そのために、この資料の中から製品Xに関して、過去にどんな情報があったか、君にまとめてもらいたいと思う。顧客からの開発要望に関しては特に重要なので、わかりやすい形でまとめてほしい。どんなまとめ方にするかは、君の工夫に任せる。ただ、もし途中でどうしたらよいかわからないことが出てきたら、すぐに私の所へ聞きに来てもらいたい。この仕事は会社の将来にも関わる大事な仕事だ。そのつもりで頑張って欲しい。今日中の完成ということで、頼むぞ！

　いかがでしょう？この二つの指示のうち、どちらが新入社員のやる気を高めるかは一目瞭然と思います。指示を受けた新入社員にとって、同じ業務をするにしても、「やるぞー！」という気持ちになれるかなれないかは、実は指示を出す側の出し方の影響を大きく受けていることがわかります。
　このように、「なんのために、この仕事をするのか？」という目的と、「いつまでになにをどうするのか？」という目標が、わかっているかわかっていないかによって、その業務に取り組む意欲は大きく変わってきます。
　では、なぜ(B)の方がこれほど強いインパクトを持って、モチベーションを喚起しているのでしょうか。目的や目標を示す際に参考になる理論があります。「職務特性理論」と言われるもので、仕事の中身や特性がどのようにモチベーションに作用しているかという過程に注目した理論です。この理論によれば、5つの要

第6章　やる気を出させ、モチベーションを高める

因の強さによって、内発的なモチベーションが違ってくるとしています。

1	多様性	その業務を遂行するために、いろいろな知識やスキルが必要とされ、仕事の中で複数の能力を使うことによって成長感が実感できる
2	アイデンティティ	その業務についての全体像が示されており、責任範囲が明確になっている。その中で一貫して任されている
3	有意味性	その業務の意義や重要性・価値を知らされている。誰かの役に立つ仕事であることを認識している。
4	自律性	その業務を遂行する際に自分なりの工夫が認められており、やり方が任されている
5	フィードバック	その業務の結果、あるいは遂行している過程で、フィードバックが得られる

　先ほどの仕事の指示例(B)を上記の5つの要因に照らし合わせてみると、下記のようになります。

　『今日、君にやってもらう業務について説明をします。当社製品Xについて情報をまとめてもらいたいのです。製品Xが当社の主力製品であることは君も知っていると思うけど、この後継機について検討を進めている。ついては、過去に、製品Xについて顧客からどのような改善要望があり、問題指摘があり、あるいはクレームがあったかについて【多様性】、内容をまとめる必要がある。そのために、この資料の中から製品Xに関して、過去にどんな情報があったか、君にまとめてもらいたいと思う【アイデンティティ】。顧客からの開発要望に関しては特に重要なので、わかりやすい形でまとめてほしい。どんなまとめ方にするかは、君の工夫に任せる【自律性】。ただ、もし途中でどうしたらよいかわからないことが出てきたら、すぐに私の所へ聞きに来てもらいたい【フィードバック】。この仕事は会社の将来にも関わる大事な仕事だ【有意味性】。そのつもりで頑張って欲しい。今日中の完成ということで、頼むぞ！』

　上記の中で今回の業務がいかに重要かは十分示されており、独自の工夫が認められていることも十分に伝わっています。また、求められるOutputは明確に示されており、それが個人の責任に任せられていることも伝わっています。さらには、結果のフィードバックは強くは示されていないにしても、疑問点があれば途中でいつでもフィードバックが得られることが伝えられています。ただ、この業務は多様なスキルが必要とされるほどではないので、そこまでの刺激はないにしても、要望や問題、あるいはクレームなどのように多岐に渡る情報を抜き出すという業務であり、多様な視点に触れることができるという点では動機付けになっ

ています。
　ここで重要なことは、単純な仕事よりも少し複雑な方がやり甲斐が生まれ、同時にその仕事の重要性や貢献度が大きいことが理解されていること、またそれが自分に任せられているという喜びが動機付けに結び付いているということです。そして、その度合いは、仕事の指示のされ方に左右されます。従って、ただ仕事の指示を出せばそれでいいという姿勢では、モチベーションを上げることは難しいでしょう。モチベーションを喚起するためには、工夫をした伝え方・指示の仕方が必要になるのです。

3　やる気の源　ストローク

頑張っているところをきちんと見てあげる
存在を認め、積極的に態度や言葉で働きかける

　同じように入社した二人の新入社員がいたとします。この二人の新入社員には、そのうちに違いが見え始め、その差が歴然となってしまうことはよくあることです。方や、やる気に満ち、常にハツラツとした行動的な新入社員であり、もう一方は、自信を失い、どんよりした腰の重い新入社員になってしまっています。この差は、いったい何がそうさせたのでしょうか？
　その鍵を握るのが「ストローク」です。

第6章 やる気を出させ、モチベーションを高める

　ストロークとは、『自分あるいは他人の、存在を認めるすべての働きかけ』と定義されています。ストロークという言葉を英語の辞書でひくと「撫でる」とか「さする」といった意味が出ていますが、心理的な同じような働きかけにも適用されます。

　人は誰しも自分の存在を認めてもらいたいし、価値ある存在として扱ってほしいと願っています。そして、そのために、その人なりの何らかの努力もしているものです。新入社員のそこの部分を、OJTリーダーとして見れているかどうかがポイントになります。

　また、ストロークには、相手の身体に直接触れる身体的ストロークと、身体に触れずに言葉や態度で示す心理的ストロークがあります。そして、それぞれについて、もらうと心地良い「プラスのストローク」と、もらうとチクチクする「マイナスのストローク」があります。もちろん、相手のことを思えばこそ、心を鬼にして出さなければいけないマイナスのストロークも時には大切ですが、ストロークの中心はやはりプラスのストロークになります。活性化された人間関係は、このプラスのストロークの交換がスムーズに行われていることがベースにあります。

　そして、ストロークの反対が「ディスカウント」です。文字通り「値引く」ということで、相手の存在や価値を無視する働きかけを言います。ディスカウント

	ストローク			ディスカウント
	プラスのストローク		マイナスのストローク	
身体的	撫でる さする 手をつなぐ 握手する 肩を組む 軽くたたく		たたく	なぐる 打つ 蹴る つねる 強く押す 突き飛ばす
心理的	誉める はげます うなずく 敬う あやす 会釈する ほほえむ 拍手する 身をのりだす 目礼する 一緒に遊ぶ 一緒に喜ぶ 仲間に入れる 手をふる あいさつする	評価する 話しかける プレゼント 傾聴する 相手の目をみる 手紙を書く 電話をする ねぎらう 情報を知らせる 信頼する まかせる 表彰する	叱る 注意する 忠告する （反対する）	皮肉 いやみ けなす 嘲笑 冷笑 目をそらす 顔をしかめる 仲間はずれ 情報を流さない 仕事を干す とりあわない かげ口 うわさ話 無視 無関心

（社会産業教育研究所　提供資料）

にも、身体的なものと心理的なものがあります。
　ストロークとディスカウントの例を示すと前記のようになります。

　積極的にストロークを活用していくために、OJTリーダーとして知っておく必要があるのは次の3点です。

1．ターゲットストローク
　ストロークの中でも絶品のストロークがあります。それを「ターゲットストローク」と言います。相手のターゲットに入ったストロークという意味です。このターゲットに入ったストローク交換は、信頼関係の構築には欠かせないものです。
　ではいったい、どういったストロークがターゲットストロークになるのでしょうか？「なかなか他人には見えていないが、自分ながら頑張っていること」とか、「陰ながら努力していること」などで、そこを見てくれた・認めてもらえたというストロークが最も響くストロークになります。

2．問題行動
　人は誰しも、本当はプラスのストロークの交換をしたいのですが、それができない状態、すなわちディスカウント状態に置かれると、マイナスのストロークでもよいのでストロークを取りにかかるという行動に出てしまいます。この行動が、「問題行動」と呼ばれるものです。
　例えば、OJTリーダーから新入社員に対して出すストロークが足りないと、新入社員はOJTリーダーからマイナスのストロークを得ようとして、いろいろな行動を引き起こしたりします。例えば、OJTリーダーの関心を買うために、注意されるような行動を故意にしたり、遅刻をしてみたりなどして、注目を引こうとします。もし、こういった言動が担当する新入社員に見えてきた場合は、自分の発信するプラスのストロークが少ないのかもしれないと、振り返ってみる必要があります。

3．コミュニケーションをどのように受け止めるかは、受け取る側が決める
　身体的なディスカウントは、我々が普通に生活している世界ではあり得ないものですが、心理的なディスカウントについては、いかがでしょうか？
　新入社員の意欲を阻害しているのは、もしかしたら、自分が気づかないままにディスカウントをしてしまっていることかもしれません。あるいは、知らず知ら

ずのうちにマイナスのストロークが増えてしまっていることが原因かもしれません。なぜこういったことになるかと言えば、ストロークかディスカウントかは、実は相手が決めることになるからです。いくら自分がストロークと思って発信したとしても、相手がそれをディスカウントとして受け止めれば、それはディスカウントになります。コミュニケーションとは、発信した側の意図に関わらず、どんな中身としてその影響を受けるかは、実は受け取る側が決めることなのです。従って、OJTリーダーは、新入社員に誤解されないように、丁寧にコミュニケーションを心がけることが大切です。

「人はストロークを得るために生きる」とも言われます。OJTリーダーの皆様には、ストロークという考え方を理解し、ストロークに満ちあふれた職場を作っていただくことを願います。

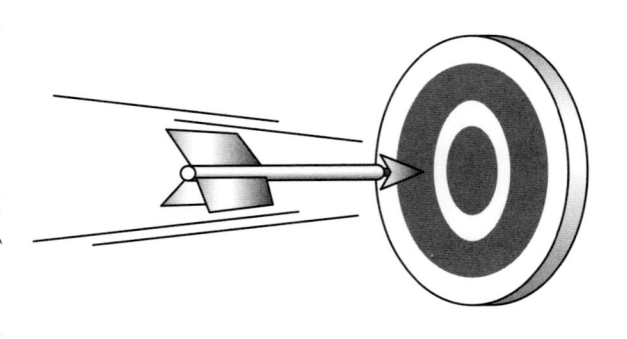

4　内発的動機づけで自主性を育む

誰かからなにかを言われたからやるのではなく
自ら行動を起こすことで得られる満足感が大切

　「自主性」というのは、どういったことを言うのでしょうか？一言で言えば、「自ら考え、自ら動く」ということです。この「自ら考える」という言葉の中には、実は、二つのステップがあります。最初は、「自ら問題の存在を感じる」あるいは「置かれた状況を理想と照らし合わせて、自らなにかしらの手を打つ必要性を感じる」という部分であり、後半は、「なにをしたら良いか？自ら考える」あるいは、「なにをする必要があるか？自ら考える」ということになります。その上で、「自ら第一歩を踏み出す」のが自主性です。
　学生の頃のことを思い起こしてみれば、よくわかることと思います。親から「勉強しなさい」と言われて、素直に勉強をする子供はほとんどいないのと同じ

4　内発的動機づけで自主性を育む

ことで、「自ら考え、自ら動く」というのは、実はとても難しいことなのです。

そこで、たいていの親は何かしらのニンジンをぶら下げたりします。例えば、「今度の試験で良い成績を取ったら、前から欲しがっていた自転車を買って上げるよ」というように、何かしらのインセンティブを提示しながら、意欲喚起を図ろうとします。しかしながら、確かにそれで一時的にはやる気に火がつくでしょうが、こういったことを繰り返していては、たいへんなことになります。例えば、「次に頑張ったらなにを買ってくれるの？」と聞いてくるようになります。そこで親はこう言うことでしょう。「なにを言っているの！そんなことばかり言っていないで、早く勉強しなさい！」と。そして、子供は、「なんにも買ってくれないのなら、勉強しない」と言うことでしょう。いつも他人から火を付けてもらわなければ燃えないような人間になってしまったのです。

自主的に動く人材とは、いわば「自燃型人材」ということです。他人から火を付けてもらわなくても、自分で発火し、自分で燃え上がる人材です。内なる自分が自分を動機づけし、自分で自分を行動へと駆り立てることを「内発的動機づけ」と言います。そして、この内発的動機づけは、外部からの刺激や影響という要因によって行動を起こすことに比べ、安定的にやる気を持続させることができます。いわば、外部からの燃料補給が無くても、自分の内部で燃料を製造し、供給し続けるわけですから、どこまでも飛ぶことができる飛行機みたいなものです。

つまり、OJTリーダーの皆様は、担当する新入社員が内発的動機づけによって、自ら動くようにしなければいけないのです。

では、仕事をする際の内発的動機づけとは、どのようなものになるのでしょうか？

それは、自ら行動を起こすことによって得られる、仕事自体のおもしろさや、最後までやりきった後に味わえる充実感、あるいは困難な事態を切り抜けた達成感、そして、成長しているという実感などの、いわば心の満足感です。

では、どのような要因があれば、内発的な動機づけを可能にするのでしょうか。内発的な動機づけの源として次の3つの要因が上げられます。

1．自己決定感　　自分でやると決めたこと（誰かに言われてやるのではない）
2．有能感　　　　やれば自分にもできる
3．他者受容感　　自分は仲間として受け入れてもらえている

新入社員がある問題に直面し、自ら動くことができないようなフリーズ状態になっているとします。こんな時、OJTリーダーが新入社員とどう関わるのがよい

か、この３つの要因から考えてみましょう。

まず、第５章で学んだ「アクティブ　リスニング」を活用し、「では、このような時にはどうしたらよいと思う？」などのように、効果的な質問を駆使し、新入社員が自ら考えたようにしながら【自己決定感】、この後の動き方を導き出す。次に、「おまえならできると思うよ」というように、自信を持たせる【有能感】。そして、常日頃の信頼関係を背景にして、「なにかあれば、俺達が飛んで行くので、安心して行って来い」と送り出す【他者受容感】、という流れが考えられます。

このようにすれば、例え発端がOJTリーダーからの外発的な動機づけにあったとしても、新入社員自身にとっては、内発的な動機づけと同じように受け止められていることと思います。そして、この問題に対して、彼が独力で解決できた時には、彼はさらなる自信を付けることでしょう。このような関わりが積み重なって、「自燃型人材」へと育っていくのです。

OJTリーダーの皆様の接し方次第で、本当のやる気に満ちた人材に育成することができるのです。

５　動機づけ要因でやり甲斐を感じさせる

不平不満は職場環境などに起因することが多い
やり甲斐をもたらすのは、仕事に直接関係する要因

OJTリーダーの皆様に一度考えていただきたい二つの質問があります。一つは、「仕事をしていた時に、やる気をなくしたのはどんな時ですか？」。そしてもう一つは、「仕事をしていた時に、とてもやり甲斐を感じたのはどんな時ですか？」という質問です。

皆様の回答は、どのようなものだったのでしょうか？

一つ目の質問の答えとして多いのが、会社の方針が合わない・会社の管理方法

が気に入らない・給与が安い・自分の処遇が悪い・評価が低い・上司が無能だ・労働条件が悪い等々の、仕事の中身に直接関係のない因子です。そして、二つ目の質問の回答としては、難しい仕事を自分の力でやり遂げた・上司から認めら評価された・顧客から感謝された・責任の重い仕事をなんとかやり遂げた・仕事そのものがおもしろい・その仕事をやれること自体に喜びを感じる等々の、仕事の内容に直接関連した因子です。

先の因子では、現状を維持することはできても、やる気にさせることは難しいことがわかります。奮起させ、やる気にさせるのは、後の方の因子になります。

これを説明した理論が、「動機づけ・衛生理論」と呼ばれるものです。

前者の因子を、不満足かどうかを決定する因子という意味で「不満足因子」と位置づけ、また同時にそれらの因子は、外発的な因子であり、環境衛生的なものなので「衛生因子」と名付けられました。つまり、「外発的因子＝不満足因子＝衛生因子」という関係が成り立ちます。この因子があったとしても満足に至ることはないが、この因子をうまく管理することにより、不満足な気持ちを減じることができるとしています。

後者の因子は、満足かどうかを決める因子「満足因子」であり、その源は、第4項で触れた内発的な因子です。そして、この因子により、仕事に対するやる気がもたらされるということから、「動機づけ因子」と名付けられました。「内発的因子＝満足因子＝動機づけ因子」という関係になります。

この二つの因子の関係を見てみると次のような図になります。

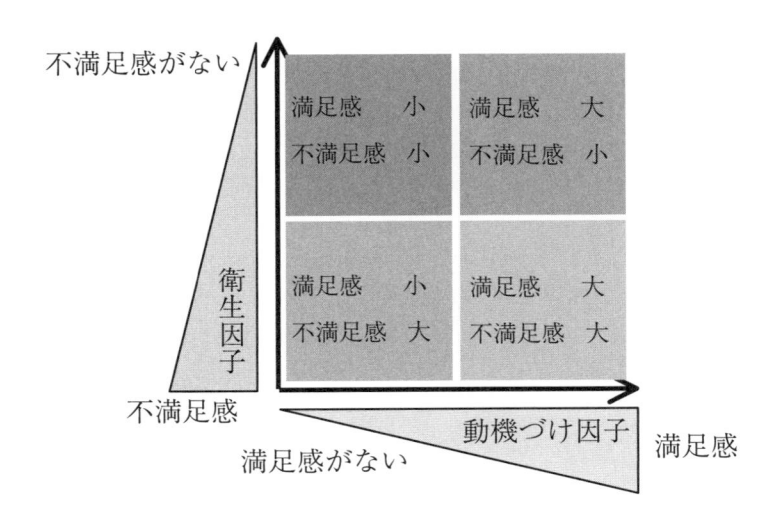

	満足感　小 不満足感　小	満足感　大 不満足感　小
衛生因子	満足感　小 不満足感　大	満足感　大 不満足感　大

縦軸：不満足感がない ↑ / 不満足感　衛生因子
横軸：満足感がない　動機づけ因子　満足感

ここで大事なことは、「満足かどうかを決める因子」と「不満足かどうかを決め

第6章 やる気を出させ、モチベーションを高める

る因子」は別々なもので、異なるものである、ということです。我々は、満足の反対は不満足で、不満足の反対が満足と考えてしまいがちですが、そうではないことは前の図で理解いただけると思います。

　つまり、職場環境や労働条件などの衛生因子は、いくら良くしてもこれでいいという限度はなく、この因子だけでやる気にさせることは難しいということです。仮に、一時的にはできたとしても、持続させることは難しいでしょう。従って、新入社員にやり甲斐を感じさせるには、ワクワクする仕事・挑戦的な仕事をさせることがポイントになります。もちろん、同じ仕事であったとしても、OJTリーダーの皆さんの説明・補足・アドバイス次第で、いくらでもワクワクさせることができることでしょう。

章末コラム

OJT リーダーのための『ワンポイント　アドバイス』

"注目"が力を発揮させる

　我々が仕事を一所懸命にやろうという気持ちになるのは、どのような状況におかれた時でしょうか？

　もちろん一つの要因に限られることではなく、本項で説明したようにいくつかのポイントがありますが、その中で OJT リーダーとしてすぐにでもできることがあります。それは、「注目する」「関心を持っていることを示す」「見られている感を実感させる」ということです。

　それは二つのことから説明ができます。

　まず一つ目には、「ホーソン実験」と言われるものがあります。この実験は、本来は職場環境が生産性にどういった影響を与えるのかを調べるものだったのですが、照明を暗くしたグループであっても、当初予測されていたこととは逆に、むしろ生産性が上がるというような結果になりました。なぜ、作業環境を悪くしたのにも関わらず、生産性は上がったのでしょうか？

　多くの人達からの注目を浴びているという意識が、作業をする人達のやる気に結び付き、環境の悪い中でも逆に生産性が上がったのです。

　このように、自分が着目されているという実感が、頑張ろうという気持ちを喚起させるのです。

　そして、もう一つには、「リンゲルマン効果」と呼ばれるものがあります。

　リンゲルマンの行った綱引き実験というものがあります。この実験によると、一人で綱引きの綱を引いた時に発揮された力を100とすると、二人で引いた時はその93％、三人で引いた時は85％、そして 8 名で引いたときには、なんと49％しか発揮されていないという結果でした。つまり、8 名という"大勢"の中に埋没してしまうと、無意識的に一人で綱を引いた時の半分の力も発揮されていないのです。

　このことは、我々の日常の中でもよく起きることです。例えば、困った人がいても、周囲に多くの方がいれば、「自分がしなくても誰かがしてくれるだろう」という気持ちになり、手を差し伸べることを躊躇しますが、自分一人しかいない状況であれば、間違いなく声を掛け、しかるべき対応をすることと思います。このように、その他大勢の中に埋没すると無意識的な手抜きが始まり、匿名性の高い

状態におかれれば責任を放棄し始めるという傾向が、我々には見られるのです。

　先の「ホーソン実験」で明らかになったことは、注目されることによってやる気がもたらされるとするものですが、さらにこの「リンゲルマン効果」は、自分が特定的に注目されない状況におかれると、無意識的な手抜きが始まり、"力が出ない"ということになることを示しています。

　この二つの理論をまとめれば、我々には、注目されればやる気が生まれ、逆に「あなた」という特定の一人の存在として見てもらえなくなると、途端にやる気が失われる、という特徴があるということです。これはOJTリーダーにとって、とても大切な示唆を与えてくれます。

　新入社員の一人一人が、"自分は、たくさんいる新入社員の中のただの一人"ではなく、"自分をいつも見てくれている人がいる"ということを実感しながら取り組める環境こそが、マンツーマンをベースにしたOJTリーダー制度の根幹なのかもしれません。

　OJTリーダーの皆様には是非とも、担当する新入社員に対して、いつも期待を込めながら熱い視線を注いでいてもらいたいと願います。

第7章

問題の発生と育成のポイント

1 仕事は「挨拶」から始まる

仕事は朝の挨拶から始まり、退社する際の挨拶で終わる
挨拶で自分の気持ちと心意気を伝える

「今年の新入社員からはやる気が感じられない」
「新入社員なのに、フレッシュ感が感じられない」
などというような言葉が先輩社員から上がってきていませんか？
きちんと挨拶ができていないことに原因があるようです。

　仕事に限らず、人と人の付き合いにおいて挨拶は基本の中の基本です。挨拶の仕方ひとつでその人の人間性が伝わると言っても過言ではありません。心地良い挨拶ができることは、一生の宝物を手にしているようなものでしょう。
　「挨拶で始まり、挨拶で終わる」というのは、一日を考えれば、朝の「おはようございます」というさわやかな挨拶から一日がスタートし、仕事を終えるときの「お疲れさまでした」「お先に失礼致します」という挨拶で一日が終わります。あるいは、お店でお客様への応対の場合は、「いらっしゃいませ」という明るい挨拶からスタートし、「ありがとうございました」「またお越し下さい」という挨拶で応接を終了します。このように、最初と終わりをきちんとした挨拶で区切ることが大切です。
　新入社員に教えてもらいたい挨拶のポイントは次の二つになります。

第7章　問題の発生と育成のポイント

1．自分から挨拶する
　挨拶は、相手からされるの待ってからするものではありません。自分の気持ちを伝えるものですから、当然に自分から先に行うものです。特に、新入社員の場合は、立場的にも、年齢的にも、間違いなく自分から挨拶をしなければいけません。もちろん、自分の方が先輩であったとしても、自分から挨拶を心がけるのが基本です。
　挨拶をするタイミングですが、大部屋の場合を例に上げれば、部屋に入るときに大きな声で「おはようございます」と挨拶をしながら入室し、自分の席につく前に、周囲の一人ひとりに対して目を見ながら「おはようございます」と挨拶するのが、一般的な流れになります。

2．呼ばれたら、すぐに「はい！」と返事をする
　「○○君！」と呼ばれたら、「はい！」と大きな声で返事をします。"呼ばれたことを理解しました"という意思表示です。もちろん、駆けつけることが可能であれば、返事の直後に呼ばれた人の元に駆けつけますが、すぐに手を離せないときには「はい！すいません、今手が離せないので、これが片付いたらすぐに参ります」と一言付け加えれば、相手に不安感をいだかせずに済みます。
　呼ばれたときの返事がないと、相手にはやる気の無さとして伝わってしまったり、あるいは反抗的だというレッテルを貼られてしまいます。社内はそれで済むかもしれませんが、社外の場合は、会社の信頼失墜にまで陥ることさえもありますし、まして相手が顧客の場合は、注文を失う危険すらあるのです。

　「声に出す挨拶」と並んで重要なものに「お辞儀」があります。お辞儀も相手に自分の気持ちを伝える所作で、とても大切です。お辞儀をすべき状況に際してもお辞儀をしないと、相手は"自分に対する気持ちがない"というように判断します。お辞儀はメッセージ性が強く、"私はあなたをとても大切に思っています"という気持ちを態度で示すことなのです。
　お辞儀には「3種類のおじぎ」があることを教えておくと、その場に応じた柔軟なおじぎができるようになります。

1．おじぎ
　一般的な「お辞儀」で、約30度の角度で行います。

1　仕事は「挨拶」から始まる

２．会釈（軽いおじぎ）

　すれ違いざまに行ったりする軽い挨拶で、角度は15度くらいになります。

３．丁寧なおじぎ（深いおじぎ）

　これはお詫びを言う時や心からの感謝の気持ちを伝える時などに行う最敬礼のお辞儀で、角度45度くらいまで深く頭を下げます。

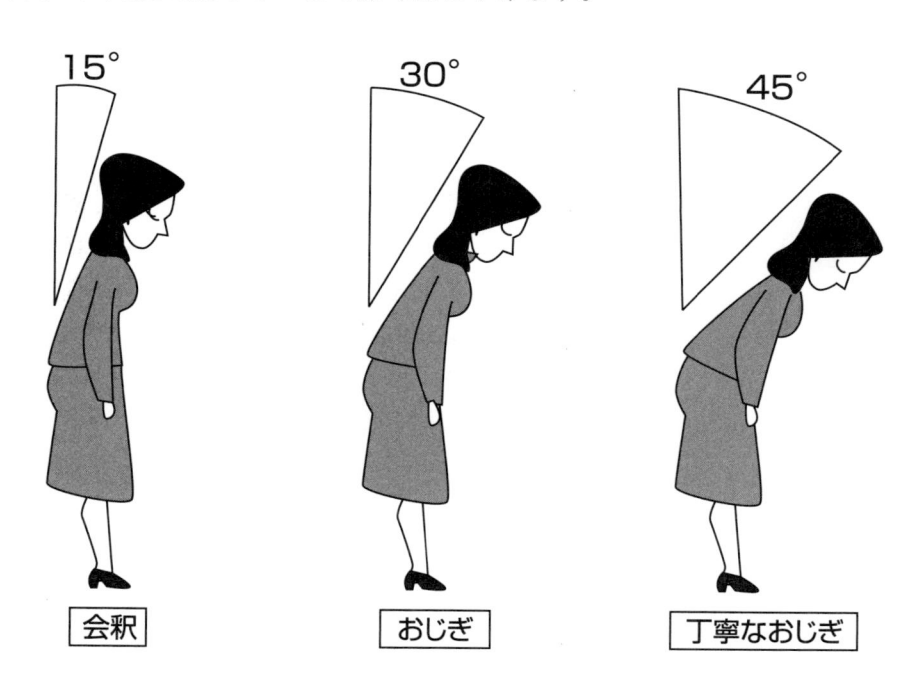

会釈	おじぎ	丁寧なおじぎ

　前記のお辞儀と並んで大切なものに「目礼」というものがあります。これは、目と目で挨拶するという、相互の信頼関係をお互いに示しあう所作です。相手との距離が近い場合は、会釈と同時に行われたりしますが、少し離れている人に対しては、相手の目を見て、うなずく程度にほんの軽くだけ頭を下げ、自分の気持ちを伝える所作を言います。

　このようなきちんとした挨拶ができるようになれば、「今年の新入社員はなかなか元気だな」「今年の新入社員は、将来が楽しみな新入社員達だな」と言われることでしょう。はきはきした明るい挨拶は、挨拶を受ける人に対して、挨拶をした人の明るい将来を確信させます。良好な人間関係は挨拶から始まることを忘れてはいけません。

第7章　問題の発生と育成のポイント

2　仕事の基本は「報連相」

仕事は指示で始まり、報告で終わる
報告しなければ、仕事が完了したことにはならない

「先日指示した仕事ですが、あれはどうなっていますか？」
「えっ？もうとっくに終わってますよ！」
などというような会話が交わされるようなことはありませんか？
報連相の不徹底という問題があるようです。

　仕事を進める基本は、指示・命令とそれに対応する報告・連絡・相談です。仕事の構造を大きく分けると、業務遂行という核の部分と、それを遂行するための上司や周囲とのコミュニケーションという二つから構成されています。なぜ周囲との綿密なコミュニケーションが必要かと言えば、各自が行う業務というのは単独で完結するというのは稀で、ほとんどは他の業務と連動して進められることになるからです。その時に、指示を受けた側が欠かすことのできないコミュニケーションを「報告・連絡・相談」、略して「報連相」と言います。
　新入社員は、なにをしたらよいのかまだ自分一人で判断ができないため、上司、もしくはOJTリーダーからの指示に基づいて仕事を進めます。指示を出した側とすれば、その仕事を完了したという報告がもらえなければ、いつまで経ってもその仕事が完了したことにならないことはおわかりいただけると思います。いわば、「未処理フォルダー」の中に、いつまで経っても残っていて、どんどん貯まっていっているような状態におかれているわけです。
　特に、指示を受けた業務がなんらかの原因で進んでいない場合は、中間報告も必要になります。あるいは、「相談」という形で、アドバイスをもらうことも必要になります。それをしないと、問題が大きくなってから、「なんでもっと早く言ってくれなかったんだ！」「もう少し早いうちに言ってもらえていたら、こんなことにはなっていなかったのに！」と言ってしまうことになります。このような言葉が出ないようにするために、「報連相」があるのです。
　仕事は、その業務を遂行して完了ではなく、報告をして完了であることは、OJT指導期間の間に新入社員に徹底して教え込まなければいけないビジネススキルです。「報告はビジネスマンの義務である」と言っても過言ではなく、OJTリーダーの皆様は、折に触れ、担当新入社員に対して報連相のクセ付けをして、

2　仕事の基本は「報連相」

習慣化させる必要があります。
　指導のポイントを次に記します。

1．3つの報告

　報告には3つの報告があります。一つは「完了報告」です。これは前記でも記載しているように、指示された仕事が完了したことを報告することで、最も大切な報告です。指導のポイントは、「完了したら即報告」と「指示された人に報告」という二つで、これを徹底するようにすれば、自ずと完了報告ができるようになります。
　二つ目の報告は、「途中経過報告」です。指示された仕事の完了が、指示された納期よりも長引きそうな時など、途中での経過報告を入れるものです。あるいは、最初から納期が長いときは、指示した人を不安にさせないためにも、積極的に中間報告を行う必要があります。途中経過報告のポイントは、「悪い報告ほど早くする」というものです。もちろん、完了報告でも悪い報告ほどすぐに上げなければいけません。理由には二つあります。悪い状態に対してはより迅速に手を講じる必要があるため、タイムイズマネーという視点でより早くということと、悪い報告はすぐに上げないと、どんどん報告しにくくなってしまうという理由からです。
　三つ目の報告は「異常なし報告」（ネガティブレポート）と言われるものです。順調にいっている場合でも、「異常ありません」「順調に進んでいます」「なにも問題ありません」という報告を積極的上げていくことです。これにより、指示を出す側のストレスは解消され、生産的な仕事環境が整います。

2．報告・連絡・相談の区別

　報告・連絡・相談をどのように区別して教えたら良いのでしょうか？
　実際の日常の仕事の中で、報連相を区別して考える必要性は少ないと思いますが、一般的には次のようになります。

・報告	指示命令を受けたことに対して、その進捗状況、あるいは結果をしらせること
・連絡	通報の必要性を察知し、自発的に状況、あるいは結果をしらせること
・相談	なにかを決めるために、人の意見を聞いたり、話し合ったりすること

第7章　問題の発生と育成のポイント

　ここで重要なことは、報連相の区別にこだわることなく、自らコミュニケーションを始動するということです。それが遅れると次のような声が飛んでくることになります。
　①必要な報告を怠った場合
　・「あれどうなった？終わったのなら、終わったとちゃんと報告しろ！ちゃんと報告しないから、次の動きが遅れたじゃないか」
　・「遅れそうなら遅れるともっと早く報告して来い。もう引き取りに来ているじゃないか！」
　②必要な連絡をしなかった場合
　・「その連絡がもっと早くあれば、今回のような事態は未然に防げていた」
　③相談をせずに行った場合
　・「勝手なことをするな」
　・「誰がそんなことをしろと言った！」
　このような怒声が飛ばないようにするためにも、報連相を徹底させることが必要になります。

3　仕事の品質はすでに「自己管理」から始まっている

限られた時間の中でベストな自分を出せることが大切
自己管理を行う根底には品質意識がある

　「彼は、毎朝始業時間ギリギリに飛び込んでくるよな」
　「彼はちゃんと睡眠時間を取っているのか？すぐにウトウトしてしまうようだけど」
　「彼は自分で勉強しているのかな？いつも、『まだ教えてもらっていませんから、わかりません』という答えが返ってくるけど」
　というコメントが周囲から出だしたら、要注意です。
　自己管理ができていないのかもしれません。

3　仕事の品質はすでに「自己管理」から始まっている

　ビジネスでは、限られた時間を有効に使い、最大限のOUT PUTを出すことが求められます。そのためには、「自己管理」が欠かせません。自己管理を定義すれば、「与えられた環境（時間・場・機会）の中で、常に最高の自分を発揮し、最大成果を獲得できる状態を維持すること。及び、最大レベルを伸ばし続けていること」と言えます。
　この定義の前半部分は、限られた時間の中で最高の自分を発揮するということであり、このためには「体調管理」と「時間管理」がキーになります。また、後半部分は、「自己啓発」を怠らないということになります。「体調管理」と「時間管理」、そして「自己啓発」のポイントについて記載します。

1．体調管理のポイント

　体調管理の基本は、自分で自分の体のクセや体質を理解することです。体調を崩す原因としては、いろいろなものが上げられますが、日常の範囲で上げるとすれば、寝不足・疲れ・お酒・大食・風邪・お腹の不調・アレルギーなどが考えられますが、これらはいずれも自分の体質を知った上で、相応の注意を払えば、ある程度は未然に防げるものばかりです。例えば、「睡眠時間6時間を切ると翌日は体調が不十分」とか、「お酒を飲むと、翌日はお腹が下る」とか、自分の体質を知ることです。「睡眠時間6時間を切ると翌日は体調が不十分」ということが分かっている人は、翌日に大事なプレゼンテーションを控えた前夜は、当然に6時間以上の睡眠時間を確保しなければいけないわけです。これが「体調管理」という「自己管理」です。仕事の品質を真剣に追求するのであれば、さして難しいことではないでしょう。もちろん、自分の体調を100％コントロールすることは不可能に近いかもしれませんが、意識することによって少なくとも50％はコントロールできるものと思います。毎日の仕事のことですので、この50％の長年の積み重ねは、やがて大きなoutputの差となって表れて来ることになります。
　孫子の兵法の有名な一文をもじって言えば次のようになります。

| ・彼を知り
・己を知れば
・百戦して殆うからず | ⇒ | ・持てる力を発揮できなくなる原因を知り
・自分のパターンを知れば
・いつも最高のコンディション |

2．時間管理のポイント

　人生とは、限られた時間を生きることですから、人生とは時間を消費することであるとも言えます。このことから、時間というものをどうように取り扱い、ど

第7章　問題の発生と育成のポイント

のように使うかが、実はその人の人生の縮図であると言えるでしょう。そして、その人が時間をどのように意識しているかは、仕事場面で顕著に表れてきます。従って、時間との正しい付き合い方を教えることは、OJTリーダーの重要な務めだと言えます。ポイントは2つあります。

① 「タイムイズマネー」精神を育む

　仕事場面において、時間はもっとも大きなコストです。新入社員でも、人件費が大きなコストということは理解できていると思いますが、その人件費とは、会社から見れば時間を買うための費用とも言えます。従って、のんびり仕事をしたりするのは言語道断ですが、例えばミスをするということは、その後のやり直しの時間を必要としますので、同じoutputを出すために倍の時間をかけたことになります。このことは、本来であるならば不必要なはずのコストを発生させたことになることだけではなく、さらにはその仕事の後工程の人を待たせたり、チェック時間を余計に取ってもらうなど、他の人の時間も浪費させることになります。こういった厳しい見方も必要です。

② 「行動管理」を徹底する

　1日＝24時間は誰にでも平等なのに、活用のしかたによってその価値に大きな差が出ます。かといって、その「時間」を我々は本当に管理できるのでしょうか？　答えは否でしょう。「時間」は、それ自体を管理できるものではなく、我々にできることは「時間の使い方」のコントロールです。つまり、「時間を管理する」とは「行動管理」と言い換えることもできます。

　「行動管理」とは、「行動計画」＋「スケジュール管理」です。朝雨が降っていたらいつもより1本早い電車に乗ること、顧客訪問の約束時間に遅れないために早めに会社を出ること、あるいは単純に動作を早くしスピードアップを心がけるといった初歩的なことから、あまり重要でない仕事に多くの時間を取られてしまい、重要な仕事で、時間を要する仕事が後回しにされてしまうことがないように優先順位を決め、適正な時間配分を行うことなどを教えなければいけません。

　著名な経営学者であるピーター・ドラッカーは、その著書「現代の経営」の中で、「時間は最も乏しい資源であり、それが管理できなければ他の何事も管理することはできない。」とさえ言っています。

3．自己啓発のポイント

　「自己啓発」を「自己管理」の中に含めて考える理由は、自分の仕事品質を高めていくことが自己管理の本質だからです。限られた時間の中で、今ある能力を最大限に発揮させるために「体調管理」と「時間管理」が必要であり、発揮させる対象である「今ある能力」そのものを高めることが「自己啓発」です。

　自己啓発のポイントは、「自分の能力開発の責任は自分にある」ということです。

　なぜなら、自分の人生の主人公は、あくまでも自分だからです。自分の人生劇場の舞台で、自分が主人公となって幕が開いて今に至り、この後も幕が引かれるまで舞台は続きます。この舞台でどのような主人公を演じるかの責任は自分にあります。

　従って、「まだOJTリーダーから習っていませんので、できません」とか「会社が教えてくれないから、そのことは知りません」などと言っているようでは、考え方の時点ですでに自分の人生の主人公を他人に委ねているようなものです。

　OJTリーダーの皆様には、担当する新入社員に対して、果敢に自分で自分の能力を開発し、自分の価値を高め、人生を切り開いていくどん欲さと喜びを教えていってもらいたいと願います。

4 「数字」で考え、数字で判断するクセをつける

利益数字を追っている以上、ビジネスの基本は数字
数字に強いとか弱いとかいう問題ではない

　「僕は数字が苦手なんです」
　「あまり数字を言わないで下さい。数字で言われると胃が痛くなってしまいます」
という言葉を見過ごしてはいけません。
　良くも悪くも、ビジネスの基本は「数字」です。

　数字に対して苦手意識を持つ人は意外と多いものです。ただ、数字が苦手と言いながら、実は上手に数字を駆使しながら生活していたりするものです。この違いはどこから来るのでしょうか？
　我々は自分の給与は数字で考え、ちゃんと正しい金額が振り込まれたか、数字を細かく確認します。なのに、会社から数字で指示されることを嫌がったりします。
　しかし、会社がなぜ数字を元に動き、数字で判断するのかという理由を考えれば、その根本には我々一人ひとりの数字があるのです。その数字とは、我々が毎月いただく給与です。つまり、一人ひとりが会社に給与という一定数字の支払いを求め、会社は社員に支払う金額（数字）を合計し、それを支払うための利益額を算出し、そこから必要な売上高を求めます。そして、その全体数字を各部門の目標として振り分け、そして一人ひとりの目標数字が決まっていくのです。
　このことから言えることは、我々が、会社に対して給与の支払いという数字の縛りをつけなければ、会社は数字を追う必要はなくなり、またその結果として、我々も仕事上で数字に縛られることがなくなるという図式になります。が、果たしてそれでいいのでしょうか？
　当然、良くはないことは誰しも理解できます。会社が数字を軸に動いているその根本には、我々一人ひとりが安定的に生活を維持するという目的があるからです。このことをきちんと説明すれば、数字に対する嫌悪感も少しは払拭できることでしょう。
　さらにまた、会社というのは過酷な環境に置かれてもいます。なぜなら、我々は給与を固定的なものとして会社からいただきますが、それを支払う会社という

のは、完全歩合制の中で生きているようなものです。つまり、完全歩合制の環境の中で、固定的な一定額の支払いのための源泉を稼ぎ出さなければいけないというのが、会社の置かれている現実です。

こういった視点から会社を見れば、会社から数字を求められることを嫌がる人は、自分の給与を固定的な数字として会社に求めてはいけない、という言い分にも一理あることに気付かされます。そういった意味では、"給与は欲しいけど、数字目標を与えられるのは嫌だ"と言う人は、組織における最もマイナス的な存在である「フリーライダー（ただ乗り）」と言われる人で、どんなへ理屈をこねようと、わがままとしか言いようがないでしょう。

このように、過酷な環境の中に置かれている会社を守り、我々の給与の源泉たる利益を確保し、我々一人ひとりの豊かで安定した生活を約束するものが、「数字」の本当の姿です。そのために、一人ひとりが自分に与えられた数字の意味を理解し、目標数字を追い、数字で考え、そしてその数字を自分の行動に置き換えて実行していくことが必要なのです。

会社の数字を考える上でのポイントを二つ記します。

1．利益意識

ざっくり言えば、会社の売上から原価を引いて、そこから経費を差し引いた残りが利益です。

では、利益として、売上に対してどのくらいの割合が手元に残ると思いますか？研修の中で新入社員に対してこの質問を投げかけると、10％とか20％、中には30％という回答さえもあったりします。現実は、平均すれば3％くらいと言われています。景気が悪いときは、1％にも満たないことでしょう。

実は、ここの利益感覚が大きなポイントになります。例えば、100万円の売上に対して、最終的に手元に残るのが、30万円程度というイメージで仕事している人と、1万円にも満たないという意識で取り組んでいる人では、当然に日々の緊張感が異なってきます。

企業というのは、本当にカツカツの厳しい闘いを余儀なくされているのが実情です。だからこそ、社員一人ひとりが数字意識を持ち、1円でも利益が増えるように考え、行動していく必要があるのです。

2．結果数字とプロセス数字

仕事には目標数字が必ず付いてくることは理解いただけたと思います。その目標数字とは、「結果目標」です。そして、その「結果」には、必ずそこに至るまで

第7章　問題の発生と育成のポイント

に、途中の「プロセス」があります。つまり、数字には「結果としての数字」と、そこに至るまでの「プロセスの数字」があります。

従って、結果目標だけではなく、そこへ到達するためのプロセス目標も設定する必要があります。プロセス目標を設定する目的は次の2点になります。

① プロセス数字で確実に結果に繋げていくことができる
② 途中の進捗状況を客観的に把握し、結果が確定する前に軌道修正をかけることができる

新入社員の場合は、いきなり結果を追うのではなく、そこに至るプロセスを確実に押さえていくことが大切です。いくら利益意識が大事であったとしても、新入社員に対して、いきなり結果数字を求めても自信をなくさせるだけになってしまいます。利益を上げるためになにをしたらよいのかといったプロセスを丁寧に教え、そのプロセス数字を上げながら小さな自信を積み上げていくことがポイントです。「急がば回れ」という言葉が、育成する際の視点にぴったり当てはまります。

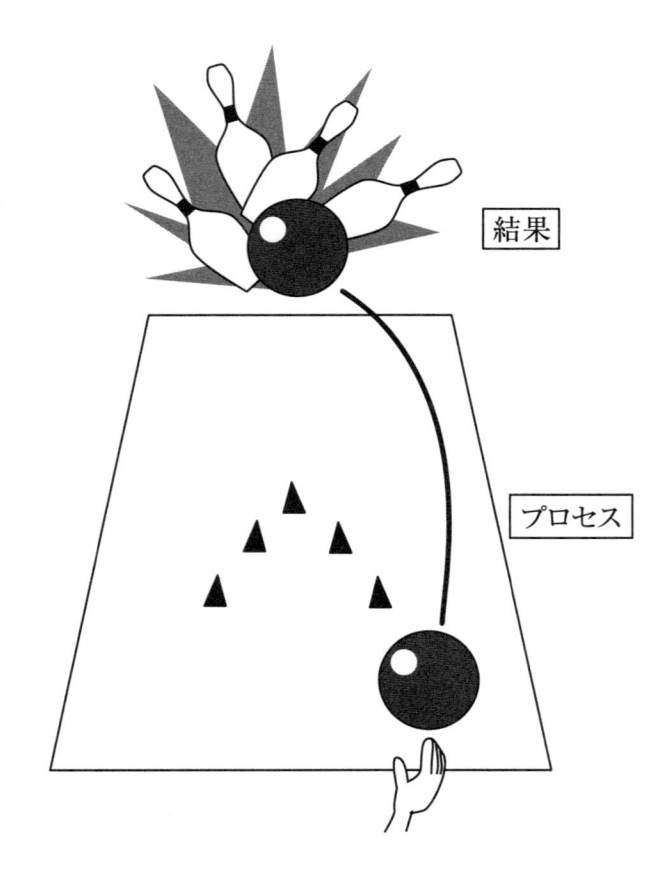

5　「信頼」は小さな約束の積み重ねから

自分にとっては些細なことでも、相手にとっては大事なこともある
約束に対する責任感が周囲からの信頼を獲得する

「約束したと言っても、たいした内容でもないし、そこまで気に留める必要はないでしょう」
「いちいちそんな細かいことにまで、気を遣わなければいけないものなのですか」
こんな言葉が聞かれたら、かなりの危険信号です。
確かに小さなことかもしれませんが、だからこそ、人はそこにその人の本当の姿を見るのです

「信頼」は生きる上において最も大切なキーワードです。ビジネスに限らず、友人・知人から信頼をもらえるかどうかが、人生の豊かさを決めるといっても過言ではありません。なぜなら、世の中は信頼関係を前提に成り立っているからです。
お互いの信頼関係があれば、相手を「疑う」ということに対して膨大なエネルギーを割く必要がなくなるため、持てるエネルギーのほとんどを前向きな方向に集中させることができます。その力がチャレンジの源であり、自分を成長させ、人生を切り開くのです。この信頼関係は相互の関係ですので、自分が信頼されていることが、信頼関係が成り立つための必須条件です。
信頼をもらうために、常に心がけなければいけないことが3つあります。

1．小さな約束を積み重ねる
重要なことは誰でもが意識するので、疎かにされることはまずないでしょう。ところが、「小さなこと」「些細なこと」というのは、軽く扱われ、優先度を落とされ、後回しにされ、ほったらかしにされ、そしていつの間にか忘れ去られることになってしまうものです。ただ、それは価値やサービスを提供する側からの話しであって、受ける側はずっと忘れていません。一見して「小さなこと」であったとしても、それはこちら側だけの視点であって、実は相手にしてみればそうでないことも多いものです。「あの時言ったことは、いつになったらやってくれるんだろうか？」「その後まったく連絡がないけど、どうなっているんだ？」等々、心

の中でどんどん不信感が募っていきます。

　また仮に、それが本当に「些細なこと」であったとしましょう。その逆に些細なことだからこそ、その些細なことに対してどのように取り組むのかといったことから、その人の本心が伺え、本当の姿が垣間見えるものです。

　そして、長年のこの小さな信頼の積み重ねが大きな「信頼の貯金」となります。仮に、まったくの誤解を受けて、一瞬貯金が減ったとしても、この信頼貯金が大きければゼロになることはなく、そこから誤解を解いて、さらに大きな貯金としていくこともできるのです。常日頃の努力の結果としての「信頼の貯金」は、我々の一生の財産になります。

　「神は細部に宿り賜う」という至言があります。この言葉を重く受け止め、新入社員に教えていってもらいたいものです。

２．相手のことも考える

　怒られる時のように、自分がイヤな立場に立った時には、誰しも、どうにかして逃れることができないかと考え、躊躇し、行動が鈍くなります。例えば、クレーム処理に行くような場面を考えればよくわかることでしょう。こういった時の心の中は、得てして「自分のこと」しか考えていないものです。心の中すべてが、「自分がかわいい」という姿勢で覆われています。こういうスタンスでは、顧客からの信頼を勝ち得ることは難しいでしょう。

　ここで大事なことは、迷惑を受けている顧客の気持ちであり、相手の立場にまで心を馳せ、相手のことを思う心です。

　自分の利益、自分のことだけを考えるのではなく、相手のことを考え、相手のことにまで心を割く姿勢が積み重なって、やっと信頼をいただけるようになります。

３．お世話になった感謝の気持ちを忘れない

　我々は自分ひとりでここまで来れたわけではありません。多くの方に教えられ、育てられて、今があるのです。そして、とりわけ自分に対して多くの愛情を注ぎ、叱咤激励してくれた人もいることでしょう。

　そういった人達に対する感謝の気持ちを片時も忘れてはいけません。そういった人に対する心構え・接し方がひいては、自分の心に謙虚さをもたらし、周囲からの厚い信頼へと導いてくれます。

　最後に、ゲーテの言葉を紹介したいと思います。

　「私は、有能な人で忘恩な人を未だ見たことがない」

| 章末コラム |

OJTリーダーのための『ワンポイント　アドバイス』

変革の決意

　問題を感じたら、行動を変えなければいけません。それを「変革の決意」と言います。日本語の「建前」を英語で表現すると、「What to say（言ったこと）」であり、「本音」は「What to do（実際の行動）」と表現されたりします。つまり、本当に変わるということは、行動が変わるということなのです。逆に言えば、行動が変わって初めて、変わったと言えます。従って、自分の問題に対しては自分の行動を変え、他者の問題に関してはその人の行動を変える必要があります。行動が変わって初めて、その問題が解決されたことになるのです。
　では、例えば、相手の行動を変えるためには、どういったアプローチをすればよいのでしょうか？
変革の決意を促すには、次の3つのアプローチがあります。
　1．べき論的決意　「（何々）すべきである」「（何々）すべきでない」
　2．必要論的決意　「今ここで（何々）する必要がある」
　3．欲求論的決意　「（何々）したい」「（何々）したくない」「（何々）してほしい」「（何々）してもらいたい」

　例えば、休日のファミリーレストランで、走り回る小さな子供がいたとします、その子の若いお母さんは、その子の行動を変えるためになんらかのアプローチを試みることになります。例えば、「○○君、そんなことしたらダメでしょう！」と言うお母さんもいることでしょう。べき論的決意を促すアプローチです。けど、子供は、一瞬はおとなしくなりますが、すぐにまた走り出すことになりそうです。あるいは、「○○君、やめて〜。そんなことしたら、お母さんイヤって言っているでしょう！」と叫ぶお母さんもいるかもしれません。欲求論的決意を促しています。子供は、「わ〜い」と言いながらさらに走り回る結果になりそうです。
　ここでキーになるのが「必要論的決意」です。「Here and Now（今ここ）」の視点に立ち、現実に対峙する姿勢です。
　「○○君、ここはいったいどこかな？たくさんの人が食事をしているレストランだよね。ここではどういったことが大事なのかな？走れば埃が舞うし、食べている人が落ち着いて食べられないよね。それに、何よりも食事を運んでいる人に

第7章　問題の発生と育成のポイント

ぶつかったら、誰かに火傷をさせたり、自分が火傷をしたりすることもあるよね。だから、ここでは静かに座っている必要があるんじゃないかな」という感じになります。これだと、小さな子供でもどうにか自分で考え、判断し、他のアプローチに比べて、まだ頑張って静かに座っていてもらえそうです。

ただ、本当に相手の行動を変えようと思えば、上記の3つのアプローチのすべてを総動員させることが必要と言われています。今回のことを例に上げれば、こういったアプローチになるかもしれません。

「〇〇君、ここはいったいどこかな？（上記内容と同じ）…だから、ここでは静かに座っている必要があるんじゃないかな（必要論的決意）。それに公共の場では静かにしていることがマナーだよね（べき論的決意）。そして何よりも、お母さんは、〇〇君に、そういったことができるような子供になってほしいんだよね（欲求論的決意）」

いかがでしょうか？これだと、腕白な子供でもなんとか自律的に行動を変えてもらえるような気がします。OJTリーダーの皆様には、この3つのアプローチを工夫し、新入社員の行動変容に役立ててもらうことを願っています。

参考文献

「現代の経営（上・下）」（P・F・ドラッカー著　上田惇生訳　ダイヤモンド社）
「経営管理」（野中郁次郎著　日本経済新聞社）
「リーダーシップ入門」（金井壽宏著　日本経済新聞社）
「チームマネジメント」（古川久敬著　日本経済新聞社）
「予算管理の進め方」（知野雅彦／日高崇介著　日経文庫）
「取締役イノベーション」（ウイリアム・マーサー社　東洋経済新報社）
「組織と人間の行動」（冨岡昭著　白桃書房）
「新しい自己への出発－マネジメントのためのTA」
（岡野嘉宏／多田徹佑著　社会産業教育研究所出版部）
「自己成長のためのやさしい心理学」（社会産業教育研究所出版部）
「自己変革の手がかり」社会産業教育研究所出版部
「行動科学の展開」（P・ハーシィ　K・H・ブランチャード　D・F・ジョンソン著　山本成二　山本あづさ訳　生産性出版）
「無敵のリーダーシップ」（瀬戸尚著　ダイヤモンド社）
「モチベーション　やる気を引き出す20のポイント」（林恭弘著　総合法令）
「できる人の口ぐせ」（菊入みゆき著　中経文庫）
「自分で売るな！部下に売らせろ！」（中井嘉樹著　PHP研究所）
「チーム力を高める魔法の力」（中井嘉樹著　経営書院）
「はじめての部下指導の心得」（中井嘉樹著　経営書院）

中井嘉樹（なかい　よしき）
株式会社フェアウィンド　代表取締役。経営コンサルタント。
1959年生まれ。同志社大学卒業後、㈱内田洋行、㈱キーエンスを経て、㈱日本ブレーンセンター（現　エン・ジャパン㈱）にてチーフコンサルタント・取締役を務めた後、現職。
専門分野は、経営戦略、リーダー・管理者育成、営業力・販売力強化などの戦略的な組織力・人材力強化を中心としたコンサルティング。豊富な現場実績と体系的な理論に基づいた実践的な指導で定評を得る。中小企業大学校、商工会議所、商工会等の公的機関におけるセミナー講師、各企業における研修企画・講師としても活躍中。
経済産業大臣認定中小企業診断士、経済産業大臣推奨ITコーディネータ。
近著「チーム力を高める魔法の力」（経営書院）、「はじめての部下指導の心得」（経営書院）、「新入社員基礎講座」（経営書院）、「3士業で解決！　多面的労務管理」（経営書院）、「自分で売るな！部下に売らせろ！」（PHP研究所）、「会社を変える！40歳の仕事力」（共著　PHP研究所）。
連絡先：info@fairwind.ne.jp（会社代表アドレス）

はじめてのOJTリーダーの心得

2011年10月23日　第1版　第1刷発行
2016年5月20日　第1版　第2刷発行

著　者　中井　嘉樹
発行者　平　盛之

㈱産労総合研究所
出版部　経営書院

〒112-0011　東京都文京区千石4-17-10　産労文京ビル
電話03(5319)3620　振替00180-0-11361

落丁・乱丁本はお取替えいたします。　　印刷・製本　中和印刷株式会社
ISBN 978-4-86326-106-8　C2034